Kohlhammer

Fälle und Musterlösungen zum Waffenrecht

von

Dr. iur. Gunther Dietrich Gade
Hochschule des Bundes
für öffentliche Verwaltung
Fachbereich Bundespolizei, Lübeck

und

Jürgen Beck
Dipl.-Verwaltungswirt,
Sachbereich 14 – Gefahrenabwehr
Bundespolizeidirektion München

Verlag W. Kohlhammer

2. Auflage 2023

Alle Rechte vorbehalten
© W. Kohlhammer GmbH, Stuttgart
Gesamtherstellung: W. Kohlhammer GmbH, Stuttgart

Print:
ISBN 978-3-17-038576-4

E-Book-Formate:
pdf: ISBN 978-3-17-038577-1

Dieses Werk einschließlich aller seiner Teile ist urheberrechtlich geschützt. Jede Verwendung außerhalb der engen Grenzen des Urheberrechts ist ohne Zustimmung des Verlags unzulässig und strafbar. Das gilt insbesondere für Vervielfältigungen, Übersetzungen, Mikroverfilmungen und für die Einspeicherung und Verarbeitung in elektronischen Systemen.
Für den Inhalt abgedruckter oder verlinkter Websites ist ausschließlich der jeweilige Betreiber verantwortlich. Die W. Kohlhammer GmbH hat keinen Einfluss auf die verknüpften Seiten und übernimmt hierfür keinerlei Haftung.

Vorwort

Die Vorauflage ist bereits seit einiger Zeit vergriffen, zudem sind seit dem Erscheinen der Erstauflage zahlreiche Änderungen des WaffG in Kraft getreten, weshalb eine Neuauflage notwendig geworden war.

Die vorliegende Darstellung wurde grundlegend überarbeitet und erweitert. Sie greift strukturell auf das derzeit in 5. Auflage erschienene Lehrbuch „Basiswissen Waffenrecht" zurück. Die im „Basiswissen" erfolgte logisch strukturierte Einführung in die Systematik des Waffengesetzes (WaffG) wird mit 15 Sachverhalten aus dem Waffenrecht mit Lösungsskizze und ausformulierter Musterlösung aufgegriffen und vertieft.

Der Leser kann auf diese Weise schrittweise die Erstellung einer Klausur im Prinzipiellen nachvollziehen und seine auf dem Gebiet des Waffenrechts erworbenen Kenntnisse im Speziellen auf einzelne Sachverhalte anwenden. Vorhandenes Wissen wird vertieft, Lücken geschlossen und eine strukturierte Darstellung der Kenntnisse geschult.

Kernaussagen des WaffG sowie besonders praxisrelevante Aspekte werden in Merkkästen hervorgehoben.

Das Werk richtet sich zunächst an Auszubildende der Bundes- und Landespolizeien, des Zolls und aller übrigen Waffenbehörden.

Gleichermaßen sind erfahrene Polizei-, Zoll- und Behördenmitarbeiter angesprochen. Die Fallkonstellationen orientieren sich durchweg an Problemlagen der täglichen Praxis und bieten dem Praktiker daher konkrete Anhaltspunkte für die anfallende Sachverhaltsbearbeitung.

Die aus 67 Fragen bestehende Lernkontrolle am Ende des Werkes ermöglicht schließlich eine Überprüfung der erworbenen waffenrechtlichen Kenntnisse.

Lübeck und München, Juni 2023

Gunther Dietrich Gade
Jürgen Beck

Inhaltsverzeichnis

Vorwort   V

Abkürzungsverzeichnis   IX

Literaturverzeichnis   XII

Teil I Grundlagen   1

    Waffenbegriff
    Umgangsarten Erwerb und Besitz
    Abgrenzung verbotene/nicht verbotene Waffen
    Regulative für erlaubnisfreie Waffen
    Anscheinswaffen
    Einhandmesser

Fall 1 Das Mädchen mit dem RSG   2
    Schwerpunkte: Rechtliche Einordnung eines RSG (§ 1 Abs. 2 Nr. 2a WaffG), Alterserfordernis nach § 2 Abs. 1 WaffG und Ausnahmen (§ 3 Abs. 2 WaffG).

Fall 2 Verteidigungsbereit auf dem Heimweg von der Nachtschicht   6
    Schwerpunkte: Waffe im techn. Sinn (§ 1 Abs. 2 Nr. 2a WaffG), Abgrenzung Teleskopschlagstock versus Totschläger und Stahlrute (§ 2 Abs. 3 iVm Anl. 2 Abschn. 1 Nr. 1.3.2 WaffG), Führensverbot erlaubnisfreier Hieb- und Stoßwaffen (§ 42a Abs. 1 Nr. 2 WaffG) und Ausnahmen davon (§ 42a Abs. 2 Nr. 2, 3, Abs. 3 WaffG), getarnte Hieb- und Stoßwaffen (§ 2 Abs. 3 iVm Anl. 2 Abschn. 1 Nr. 1.3.1 WaffG).

Fall 3 Messer auf dem Cannstatter Volksfest   12
    Schwerpunkte: Rechtliche Einordnung eines Stiefelmessers (§ 1 Abs. 2 Nr. 2a WaffG), Alterserfordernis nach § 2 Abs. 1 WaffG, Verbot des Führens von Waffen bei öff. Veranst. (§ 42 Abs. 1 WaffG).

Fall 4 Mit Baseballschläger auf Taxifahrt   17
    Schwerpunkte: Anwendungsbereich WaffG, Waffenbegriff (§ 1 Abs. 2 WaffG), Waffe im techn. Sinn (§ 1 Abs. 2 Nr. 2a WaffG), Waffe im nichttechn. Sinn (§ 1 Abs. 2 Nr. 2b WaffG).

Inhaltsverzeichnis

Fall 5 Ein Elektroimpulsgerät am Hamburger Hauptbahnhof   21
Schwerpunkte: Waffenbegriff (§ 2 Abs. 2 WaffG), verbotene Waffen (Anl. 2 Abschn. 1 WaffG).

Teil II Erlaubnispflichtige Waffen   24

Erlaubnispflicht
Konstellationen des erlaubnisfreien Erwerbs, Besitzes und Führens
Aufbewahrungspflichten
Umgangsarten Besitz, Führen, Überlassen

Fall 6 Ein Sportschütze mit Leihwaffe   25
Schwerpunkte: Erlaubnispflicht, erlaubnisfreier Erwerb und Besitz (§ 12 Abs. 1 Nr. 1a WaffG), erlaubnisfreies Führen (§ 12 Abs. 3 Nr. 2 WaffG), Ausweispflichten (§ 38 Abs. 1 S. 1 Nr. 1, 1f WaffG).

Fall 7 Ein Sportschütze mit Luftgewehr   32
Schwerpunkte: Erlaubnispflicht, erlaubnisfreier Erwerb und Besitz (§ 2 Abs. 4 iVm Anl. 2 Abschn. 2 UA 2 Nr. 1.1 WaffG), erlaubnisfreies Führen (§ 12 Abs. 3 Nr. 2 WaffG), Begriff „nicht zugriffsbereit" (Anl. 1 Abschn. 2 Nr. 13 WaffG).

Fall 8 Ein Jäger auf dem Heimweg von der Jagd   40
Schwerpunkte: Erlaubnispflicht (§ 2 Abs. 2 iVm Anl. 2 Abschn. 2 UA 1 S. 1 WaffG), erlaubnisfreies Führen von Schusswaffen durch Jäger (§ 13 Abs. 6 WaffG).

Fall 9 Ein Jäger auf der Waffenbehörde zwecks Eintrags seiner Jagdwaffen   46
Schwerpunkte: Erlaubnispflicht (§ 2 Abs. 2 iVm Anl. 2 Abschn. 2 UA 1 S. 1 WaffG), erlaubnisfreier Erwerb von Langwaffen durch Jäger (§ 13 Abs. 3 WaffG), Erwerb und Besitz von Kurzwaffen durch Jäger (Voreintrag in WBK).

Fall 10 Das Paintball-Treffen   55
Schwerpunkte: Erlaubnispflicht, erlaubnisfreier Erwerb und Besitz (§ 2 Abs. 4 iVm Anl. 2 Abschn. 2 UA 2 Nr. 1.1 WaffG), erlaubnisfreies Führen (§ 12 Abs. 3 Nr. 2 WaffG, § 12 Abs. 3 Nr. 1 WaffG), erlaubnisfreies Schießen (§ 12 Abs. 4 Nr. 1a WaffG).

Teil III Grenzüberschreitender Verkehr mit Waffen und Munition   63

Umgangsarten Verbringen und Mitnahme
Konstellationen der erlaubnisfreien Mitnahme

Fall 11 Einladung eines französischen Jägers zur Treibjagd 64
Schwerpunkte: Erlaubnispflicht, erlaubnisfreie Mitnahme von Schussw. (§ 32 Abs. 3 Nr. 1 WaffG), erlaubnisfreier Erwerb und Besitz (§ 12 Abs. 1 Nr. 6 WaffG), erlaubnisfreies Führen (§ 12 Abs. 3 Nr. 2 WaffG), Ausweispflichten (§ 38 Abs. 1 S. 1 Nr. 1, 1e aa WaffG).

Fall 12 Eine Einladung zur Jagd aus den Niederlanden 74
Schwerpunkte: Erlaubnispflicht (§ 2 Abs. 2 iVm Anl. 2 Abschn. 1 UA 2 S. 1 WaffG), erlaubnisfreie Mitnahme nach § 32 Abs. 3 Nr. 1 WaffG, erlaubnisfreies Führen nach § 12 Abs. 3 Nr. 2 WaffG. Wechselwirkungen zwischen § 32 Abs. 3 WaffG und § 12 Abs. 3 Nr. 2 WaffG.

Fall 13 Eine Langwaffe am Flughafen 84
Schwerpunkte: Erlaubnispflicht, erlaubnisfreier Erwerb und Besitz (§ 12 Abs. 1 Nr. 6 WaffG), erlaubnisfreies Führen (§ 12 Abs. 3 Nr. 2 WaffG), Mitnahme von Schussw. durch Deutschland durch Personen mit Wohnsitz in einem Drittstaat (§ 32 Abs. 4 WaffG), Ausweispflichten (§ 38 Abs. 1 S. 1 Nr. 1 WaffG), Anmeldepflicht (§ 33 Abs. 1 Nr. 1 WaffG).

Teil IV Praxisrelevante Ausnahmen von der Gesetzessystematik 93

Anscheinswaffen
Einhandmesser
Führensverbote nach § 42a WaffG
Umgangsarten Besitz, Führen, Überlassen

Fall 14 Junger Mann mit Anscheinswaffe 94
Schwerpunkte: Ausnahmsweise Nichtanwendbarkeit des WaffG (Anl. 2 Abschn. 3 UA 2 WaffG), Führensverbot von Anscheinswaffen (§ 42a Abs. 1 Nr. 1 WaffG).

Fall 15 Ein Einhandmesser in der Hosentasche
Schwerpunkte: Waffenbegriff (§ 2 Abs. 2 Nr. 2 WaffG), systematische Durchbrechung des Anwendungsbereichs des WaffG (§ 42a Abs. 1 Nr. 3 WaffG).

Lernkontrolle 106

Lösungen 117

Stichwortverzeichnis 120

Abkürzungsverzeichnis

a.A.	andere Auffassung
Abschn.	Abschnitt
Alt.	Alternative
Anl.	Anlage
Ausdrückl.	ausdrücklich
AWaffV	Allgemeine Waffenverwaltungsverordnung
AWG	Außenwirtschaftsgesetz
AWV	Außenwirtschaftsverordnung
Az.	Aktenzeichen
BAB	Bundesautobahn
BAFA	Bundesamt für Wirtschaft und Ausfuhrkontrolle
Beschl.	Beschluss
BGH	Bundesgerichtshof
Bhf	Bahnhof
BJagdG	Bundesjagdgesetz
BKA	Bundeskriminalamt
BPA	Bundespersonalausweis
Buchst.	Buchstabe
bzw.	beziehungsweise
ca.	circa
cm	Zentimeter
D	Deutschland
dh.	das heißt
Def.	Definition
diesbzgl.	diesbezüglich
DIN	Deutsches Institut für Normung e.V.
EFP	Europäischer Feuerwaffenpass
EU	Europäische Union
EWR	Europäischer Wirtschaftsraum
Fa	Firma
FB	Feststellungsbescheid
ff.	fortfolgende
gem.	gemäß
Ggf./ggf.	gegebenenfalls
gleichgest.	gleichgestellte(r/n)
gleichw.	gleichwertig
grds.	grundsätzlich
HS	Halbsatz
idR.	in der Regel
iSd	im Sinne des
iVm	in Verbindung mit
insb.	insbesondere

J	Joule
Kat.	Kategorie
Kfz	Kraftfahrzeug
KK	Kleinkaliber
km	Kilometer
KWS	Kleiner Waffenschein
Legaldef.	Legaldefinition
lt.	laut
max.	maximal
MES	Munitionserwerbsschein
mm	Milimeter
nichttechn.	nichttechnische
NJW	Neue Juristische Wochenschrift
NL	Niederlande
Nr.	Nummer
NStZ	Neue Zeitschrift für Strafrecht
oÄ.	oder Ähnliches
öff.	öffentliche(n)
Owi	Ordnungswidrigkeit(en)
PKW	Personenkraftwagen
rechtm.	rechtmäßig(en/er)
Rn.	Randnummer
RSG	Reizstoffsprühgerät
S.	Satz
Schussw.	Schusswaffe(n)
situationsbezog.	situationsbezogene
sog.	sogenannte(n)
SRS-Waffe	Schreckschuss-, Reizstoff-, Signalwaffe
StGB	Strafgesetzbuch
SV	Sachverhalt
tats.	tatsächliche
Tbm	Tatbestandsmerkmal
techn.	technische
tlw.	teilweise
tragb.	tragbare(er/en)
ua.	unter anderem
UA	Unterabschnitt
Unerl./unerl.	unerlaubt
usw.	und so weiter
v.	vom
Vorauss.	Voraussetzung(en)
Veranst.	Veranstaltung
VDMA	Verband Deutscher Maschinen- und Anlagenbau e.V.
vgl.	vergleiche
WaffG	Waffengesetz

Abkürzungsverzeichnis

WaffVwV	Waffenverwaltungsvorschrift
WBK	Waffenbesitzkarte
WS	Waffenschein
zB	zum Beispiel
zust. Behörde	zuständige Behörde

Literaturverzeichnis

Gade, Gunther Dietrich, Basiswissen Waffenrecht, 5. Aufl., Stuttgart 2021

Gade, Gunther Dietrich, Waffengesetz, Kommentar, 3. Auflage München 2022

Heller, Robert/Soschinka, Holger/Rabe, Stephan, Waffenrecht, Handbuch für die Praxis, 4. Auflage, München 2021

Ostgathe, Dirk, Waffenrecht kompakt, 5. Auflage, Stuttgart 2011

Steindorf, Joachim, bearbeitet von: *Heinrich, Bernd/Heinrich, Niels/Gerlemann, Jörg-Henning/Papsthart, Christian,* Waffenrecht, 11. Auflage, München 2022

Teil I Grundlagen

- Waffenbegriff
- Umgangsarten Erwerb und Besitz
- Abgrenzung verbotene/nicht verbotene Waffen
- Regulative für erlaubnisfreie Waffen
- Anscheinswaffen
- Einhandmesser

Fall 1 Das Mädchen mit dem RSG

Schwerpunkte: Rechtliche Einordnung eines RSG (§ 1 Abs. 2 Nr. 2a WaffG), Alterserfordernis nach § 2 Abs. 1 WaffG und Ausnahmen (§ 3 Abs. 2 WaffG).

Im Bahnhofsbereich wird bei einem Mädchen (M) eine Sprühdose mit der Aufschrift „Selbstverteidigungsspray" festgestellt. Der Gegenstand ist mit einem „PTB/R im Trapez" versehen. Die Einsicht in den von M mitgeführten BPA ergibt, dass sie 16 Jahre alt ist.

Frage: Liegen Verstöße gegen das WaffG vor?

Lösungsskizze

Vorüberlegung: In Betracht kommende Straftaten / Owi?
§ 52 Abs. 3 Nr. 1 WaffG (Vergehen), wenn es sich um ein verbotenes RSG handelt.
§ 53 Abs. 1 Nr. 1 WaffG (Owi), wenn Verstoß gegen das Alterserfordernis nach § 2 Abs. 1 WaffG vorliegt.

I. Anwendungsbereich WaffG, § 1 Abs. 1 WaffG

1. Liegt Waffe vor?
- Waffe im techn. Sinn gem. § 1 Abs. 2 Nr. 2a WaffG[1] (+)
  o RSG tragbar (+)
  o seinem Wesen nach dazu bestimmt (Herstellerzweck), die Angriffs- oder Abwehrfähigkeit eines Menschen herabzusetzen (+)
  => Aufschrift „Selbstverteidigungsspray"

2. Wird Umgang ausgeübt?
- Führen nach § 1 Abs. 3 iVm Anl. 1 Abschn. 2 Nr. 4 WaffG (+)
  o M hat das RSG im Bahnhofsbereich bei sich => übt somit die tats. Gewalt über dieses außerhalb der eigenen Wohnung, Geschäftsräume, des eigenen befriedeten Besitztums oder einer Schießstätte aus
  => RSG wird geführt (Führen impliziert stets auch Erwerb und Besitz)

Ergebnis: Der Anwendungsbereich des WaffG ist eröffnet.

II. Einordnen der Waffe

1. Waffe verboten nach § 2 Abs. 3 iVm Anl. 2 Abschn. 1 WaffG? (-)
  o Pro: RSG sind grds. verboten nach Anl. 2 Abschn. 1 Nr. 1.3.5 WaffG
  o Contra: Vom Verbot ausgenommen sind RSG, die bestimmte techn. Vorauss. erfüllen und dies durch eine entsprechende Kennzeichnung dokumentieren
    => Lt. SV trägt RSG hier „PTB/R im Trapez", weshalb Ausnahme greift

---

[1] Waffen im techn. Sinn nach § 1 Abs. 2 Nr. 2a WaffG sind stets und ausnahmslos v. WaffG erfasst, unabhängig davon, ob sie in der exemplarischen Aufzählung zu den Waffen im techn. Sinn in Anl. 1 Abschn. 1 UA 2 Nr. 1 WaffG genannt sind.

2. Waffe erlaubnispflichtig nach § 2 Abs. 2 iVm Anl. 2 Abschn. 2 UA 1 S. 1 WaffG? (-)
- Nach § 2 Abs. 2 iVm Anl. 2 Abschn. 2 UA 1 S. 1 WaffG sind alle Schussw. sowie gleichgest. tragb. Gegenstände (ausgenommen Magazine) und die dafür bestimmte Munition grds. erlaubnispflichtig (ausgenommen das Überlassen)
=> RSG ist keine Schussw. und auch kein gleichgest. tragb. Gegenstand

Ergebnis: Das RSG ist erlaubnisfrei[2].

III. Sonstige Erfordernisse

1. Alterserfordernis, § 2 Abs. 1 WaffG (Verstoß: Owi nach § 53 Abs. 1 Nr. 1 WaffG)
- M 18 Jahre alt (-)
- ABER: Ausnahmeregelung des § 3 Abs. 2 WaffG (+)
    o M Jugendliche (+)
      => M ist 16 Jahre alt und damit mind. 14, aber noch nicht 18 Jahre alt (Def. Anl. 1 Abschn. 2 Nr. 11 WaffG)
    o Umgang mit geprüftem RSG (+)
      => Kennzeichnung „PTB/R im Trapez", vgl. oben

2. Ausweispflichten, § 38 WaffG (Verstoß: Owi nach § 53 Abs. 1 Nr. 20 WaffG)
M führt BPA mit sich, verstößt daher nicht gegen § 38 Abs. 1 S. 1 Nr. 1 WaffG

IV. Endergebnis

M muss sich keine Verstöße gegen das WaffG zur Last legen lassen

Ausformulierte Lösung

Fraglich ist, ob M sich gem. WaffG strafbar gemacht oder eine Owi begangen hat. In Betracht kommt hier eine Strafbarkeit nach § 52 Abs. 3 Nr. 1 WaffG (Vergehen), sofern es sich beim RSG um einen verbotenen Gegenstand handelt oder eine Owi nach § 53 Abs. 1 Nr. 1 WaffG, wenn M entgegen dem vorgeschriebenen Mindestalter Umgang mit dem RSG hatte.[3]

Zunächst müsste der Anwendungsbereich des WaffG eröffnet sein, was der Fall ist, wenn Umgang mit einer Waffe oder Munition geübt worden ist, vgl. § 1 Abs. 1 WaffG.

Beim RSG müsste es sich um eine Waffe handeln. Dies könnte nach § 1 Abs. 2 Nr. 2a WaffG der Fall sein. Zunächst müsste das RSG tragbar sein. M hat es bei sich, weshalb dies der Fall ist. Weiter müsste das RSG seinem Wesen nach dazu bestimmt sein, die Angriffs- oder Abwehrfähigkeit eines

---

[2] Eine Erlaubnisprüfung bzw. von Ausnahmen von der Erlaubnispflicht hinsichtlich einzelner Umgangsarten erübrigt sich daher.
[3] Die ggf. einschlägigen Normen müssen hier nicht zwingend benannt werden. Gleichwohl empfiehlt sich die Nennung bereits an dieser Stelle, da hierdurch deutlich wird, welche konkreten Rechtsverstöße der Verfasser für möglich hält. Der Korrektor kann hier bereits erkennen, ob die einschlägigen Problemfelder zumindest dem Grunde nach erkannt wurden.

Menschen zu beseitigen oder herabzusetzen. Es stellt sich demnach die Frage, zu welchem Zweck das hier in Rede stehende RSG hergestellt worden ist. Aus der Aufschrift „Verteidigungsspray" ist ersichtlich, dass dieses als Verteidigungsmittel hergestellt ist, welches Angriffe jeder Art, also auch solche von Menschen, abwehren soll. Somit ist es seinem Wesen nach dazu bestimmt, die Angriffs- oder Abwehrfähigkeit eines Menschen zu beseitigen oder herabzusetzen,[4] weshalb es sich um eine Waffe nach § 1 Abs. 2 Nr. 2a WaffG (Waffe im techn. Sinn) handelt.

Merke:

Waffen im technischen Sinne (§ 1 Abs. 2 Nr. 2a WaffG) sind immer Waffen iSd WaffG.

Waffen im nichttechnischen Sinne (§ 1 Abs. 2 Nr. 2b WaffG) sind nur dann Waffen, wenn sie ausdrücklich im WaffG genannt sind.

Weiterhin müsste M Umgang mit dieser ausgeübt haben. Vorliegend kommt als Umgangsart ein Führen gem. § 1 Abs. 3 iVm Anl. 1 Abschn. 2 Nr. 4 WaffG in Betracht. Lt. SV hält M sich im Bahnhofsbereich auf und übt die tats. Gewalt über das RSG daher außerhalb der eigenen Wohnung, Geschäftsräume, des eigenen befriedeten Besitztums sowie einer Schießstätte aus und führt dieses damit, § 1 Abs. 3 iVm Anl. 1 Abschn. 2 Nr. 4 WaffG. Das Führen impliziert auch stets den Erwerb und Besitz.

Der Anwendungsbereich des WaffG ist somit eröffnet.

Fraglich ist, ob das RSG gem. § 2 Abs. 3 iVm Anl. 2 Abschn. 1 Nr. 1.3.5 WaffG. verboten ist. Für diesen Fall läge eine Straftat nach § 52 Abs. 3 Nr. 1 WaffG vor.[5]

Zwar sind nach Nr. 1.3.5 RSG grds. verboten, allerdings sind solche v. Verbot ausgenommen, die in Reichweite und Sprühdauer begrenzt sind und zudem als gesundheitlich unbedenklich eingestuft sind und dies durch eine entsprechende Kennzeichnung dokumentieren. Lt. SV ist die Sprühdose mit einem „PTB/R im Trapez" gekennzeichnet, was eine Kennzeichnung iSd Nr. 1.3.5 darstellt.

Das RSG ist daher nicht verboten und eine Strafbarkeit nach § 52 Abs. 3 Nr. 1 WaffG scheidet aus.

---

[4] Soweit ein Gerät als Tierabwehrspray gekennzeichnet ist, mangelt es an dieser Zweckbestimmung. **Tierabwehrsprays unterfallen im Ergebnis nicht den Regelungen des WaffG.** Dies wird selbst für den Fall angenommen, dass neben der Kennzeichnung als Tierabwehrspray Hinweise wie „wirkt ebenso überzeugend gegen Menschen" auf dem Gerät angebracht sind.
[5] Spätestens hier muss die erste in Rede stehende Strafvorschrift benannt werden.

Zu prüfen ist weiter, ob das RSG eine erlaubnispflichtige Waffe darstellt. Nach § 2 Abs. 2 iVm Anl. 2 Abschn. 2 UA 1 S. 1 WaffG sind alle Schussw. sowie den Schussw. gleichgest. tragb. Gegenstände (ausgenommen Magazine) und die dafür bestimmte Munition im Umgang (mit Ausnahme des Überlassens) grds. erlaubnispflichtig. Da das RSG weder eine Schussw. noch ein gleichgest. tragb. Gegenstand ist, unterliegt es keiner Erlaubnispflicht und ist daher erlaubnisfrei.

Merke:

Für **erlaubnisfreie Waffen** greifen im wesentlichen **folgende Regulative** des WaffG:

- Alterserfordernis 18 Jahre (§ 2 Abs. 1 WaffG)

- Ausweispflichten (§ 38 WaffG)

- Führensverbot bei Teilnahme an öffentlichen Veranstaltungen (§ 42 Abs. 1 WaffG)

- Führensverbot von Hieb- und Stoßwaffen (§ 42a Abs. 1 Nr. 2 WaffG, Verbotsausnahmen nach § 42a Abs. 2 WaffG)

Auch für erlaubnisfreie Waffen gilt aber das Alterserfordernis nach § 2 Abs. 1 WaffG, wonach der Umgang mit Waffen prinzipiell nur Personen gestattet ist, die das 18. Lebensjahr vollendet haben.

M ist erst 16, so dass eine Owi nach § 53 Abs. 1 Nr. 1 WaffG im Raum steht. Allerdings sieht § 3 Abs. 2 WaffG eine Ausnahme v. Alterserfordernis für gekennzeichnete RSG vor, die v. grds. Verbot ausgenommen sind. Mit diesen dürfen auch Jugendliche Umgang haben. M ist 16 Jahre alt und damit Jugendliche iSd Anl. 1 Abschn. 2 Nr. 11 WaffG. Da es sich vorliegend um ein entsprechend gekennzeichnetes RSG handelt, greift die Ausnahme nach § 3 Abs. 2 WaffG und es liegt keine Owi nach § 53 Abs. 1 Nr. 1 WaffG vor.

Ein Fall des § 42 Abs. 1 WaffG ist nicht ersichtlich und auch § 42a Abs. 1 Nr. 2 WaffG ist nicht einschlägig, da das RSG keine Hieb- und Stoßwaffe darstellt. Zudem hat die M lt. SV ihren BPA bei sich, weshalb auch kein Verstoß gegen die Ausweispflicht nach § 38 Abs. 1 S. 1 Nr. 1 WaffG vorliegt.[6]

Im Ergebnis ist das Führen des RSG durch M daher rechtlich nicht zu beanstanden.

---

6 Der Hinweis auf §§ 42, 42a Abs. 1 Nr. 2 WaffG sowie auf § 38 WaffG ist nicht zwingend, aber empfehlenswert, da der Klausurbearbeiter damit dokumentiert, alle wesentlichen für erlaubnisfreie Waffen greifenden Reglementierungen erfasst zu haben.

Fall 2 Verteidigungsbereit auf dem Heimweg von der Nachtschicht

Schwerpunkte: Waffe im techn. Sinn (§ 1 Abs. 2 Nr. 2a WaffG), Abgrenzung Teleskopschlagstock versus Totschläger und Stahlrute (§ 2 Abs. 3 iVm Anl. 2 Abschn. 1 Nr. 1.3.2 WaffG), Führensverbot erlaubnisfreier Hieb- und Stoßwaffen (§ 42a Abs. 1 Nr. 2 WaffG) und Ausnahmen davon (§ 42a Abs. 2 Nr. 2, 3, Abs. 3 WaffG), getarnte Hieb- und Stoßwaffen (§ 2 Abs. 3 iVm Anl. 2 Abschn. 1 Nr. 1.3.1 WaffG).

Der im Schichtdienst tätige 46-jährige Elektriker (E) ist um 19 Uhr auf dem Weg von zu Hause zu seiner Arbeitsstätte unterwegs, als er in einer polizeilichen Kontrollstelle angehalten wird. Auf Nachfrage, ob er gefährliche Gegenstände oder Waffen bei sich trage, holt E eine ca. 15 cm lange Eisenstange unter seinem Autositz hervor. Mit einer kurzen Schleuderbewegung bewirkt E, dass zwei weitere innenliegende Eisenstangen ausfahren und arretieren. An einem Ende des nun auf ca. 40 cm ausgefahrenen Gegenstandes befindet sich eine Griffschlaufe, an dem anderen eine kugelförmige Eisenbeschwerung. E gibt an, diesen Gegenstand im Internet als „ideales Mittel zur Selbstverteidigung" erworben zu haben. Er selbst habe es bei sich im Auto, um sich vor Angriffen schützen zu können, falls er nachts mal sein Fahrzeug verlassen müsste. Im Zuge der Kontrolle legt E seinen BPA vor.

Frage: Hat E gegen Vorschriften des WaffG verstoßen?

Lösungsskizze

Vorüberlegung: In Betracht kommende Straftaten / Owi?

§ 52 Abs. 3 Nr. 1 WaffG (Vergehen), wenn es sich um eine verbotene Waffe (hier: Totschläger/Stahlrute oder getarnte Hieb- und Stoßwaffe) handelt und E Umgang mit ihr ausübt.
§ 53 Abs. 1 Nr. 21a WaffG (Owi), wenn Gegenstand nicht verboten ist aber ein Verstoß gegen das Führensverbot von Hieb- und Stoßwaffen gem. § 42a Abs. 1 Nr. 2 WaffG vorliegt.

I. Anwendungsbereich WaffG, § 1 Abs. 1 WaffG

1. Liegt Waffe vor?
   - Waffe im techn. Sinn gem. § 1 Abs. 2 Nr. 2a WaffG[7] (+)

---

[7] Waffen im techn. Sinn nach § 1 Abs. 2 Nr. 2a WaffG sind stets und ausnahmslos v. WaffG erfasst, unabhängig davon, ob sie in der exemplarischen Aufzählung zu den Waffen im techn. Sinn in Anl. 1 Abschn. 1 UA 2 Nr. 1 WaffG genannt sind.

- o ausziehbare Eisenstange tragbar (+)
- o Gegenstand seinem Wesen nach dazu bestimmt (Herstellerzweck), die Angriffs- oder Abwehrfähigkeit eines Menschen herabzusetzen (+)
  => Konstruktionsmerkmale Handschlaufe und kugelförmige Eisenbeschwerung, wird v. Händler als „ideales Mittel zur Selbstverteidigung" angepriesen
  => beim Teleskopschlagstock handelt es sich um eine Waffe im techn. Sinne nach § 1 Abs. 2 Nr. 2a WaffG (Hieb- und Stoßwaffe)[8]

2. Wird Umgang ausgeübt?
- Führen nach § 1 Abs. 3 iVm Anl. 1 Abschn. 2 Nr. 4 WaffG (+)
  E hat den Schlagstock unter seinem Autositz bei einer Fahrt im öff. Raum bei sich und übt somit die tats. Gewalt über diesen außerhalb der eigenen Wohnung, Geschäftsräume, des eigenen befriedeten Besitztums oder einer Schießstätte aus
  => Teleskopschlagstock wird geführt (Führen impliziert stets auch Erwerb und Besitz)

Ergebnis: Der Anwendungsbereich des WaffG ist eröffnet.

II. Einordnen der Waffe

1. Waffe verboten nach § 2 Abs. 3 iVm Anl. 2 Abschn. 1 WaffG? (-)
- Totschläger/Stahlrute nach § 2 Abs. 3 iVm Anl. 2 Abschn. 1 Nr. 1.3.2 WaffG? (-)
  Pro: Gegenstand weist ebenso wie Totschläger eine kugelförmige Eisenbeschwerung auf und kann wie die meisten Stahlruten zusammengeschoben werden
  Contra: Wesensbestimmend für Totschläger und Stahlrute ist eine flexible Konstruktion => Lt. SV ist der mitgeführte Gegenstand starr, weshalb kein Totschläger/Stahlrute vorliegt, sondern ein Teleskopschlagstock
- Getarnte Hieb- und Stoßwaffe nach § 2 Abs. 3 iVm Anl. 2 Abschn. 2 Nr. 1.3.1 WaffG? (-)
  Pro: Der Teleskopschlagstock ist zusammengeschoben und nicht ohne weiteres als Hieb- und Stoßwaffe zu erkennen
  Contra: Der Teleskopschlagstock täuscht auch zusammengeschoben keinen anderen Gegenstand vor und ist zudem nicht mit Gegenständen des täglichen Gebrauchs verkleidet, weshalb keine getarnte Waffe iSd Vorschrift vorliegt

2. Waffe erlaubnispflichtig nach § 2 Abs. 2 iVm Anl. 2 Abschn. 2 UA 1 S. 1 WaffG? (-)
- Nach Anl. 2 Abschn. 2 UA 1 S. 1 WaffG sind alle Schussw. sowie gleichgest. tragb. Gegenstände (ausgenommen Magazine) und die dafür bestimmte Munition grds. erlaubnispflichtig (ausgenommen das Überlassen) => Schlagstock ist keine Schussw. und auch kein gleichgest. tragb. Gegenstand

Ergebnis: Der Schlagstock ist erlaubnisfrei[9].

---

[8] Legaldefiniert in Anl. 1 Abschn. 1 UA 2 Nr. 1.1 WaffG – Gegenstände, die ihrem Wesen nach dazu bestimmt sind, unter unmittelbarer Ausnutzung der Muskelkraft durch Hieb, Stoß, Stich, Schlag oder Wurf Verletzungen beizubringen.
[9] Eine Erlaubnisprüfung bzw. von Ausnahmen von der Erlaubnispflicht hinsichtlich einzelner Umgangsarten erübrigt sich daher.

IV. Sonstige Erfordernisse

1. Alterserfordernis, § 2 Abs. 1 WaffG (Verstoß: Owi nach § 53 Abs. 1 Nr. 1 WaffG)
E ist 46 Jahre alt, weshalb ein Verstoß gegen § 2 Abs. 1 WaffG nicht vorliegt

2. Ausweispflichten, § 38 WaffG (Verstoß: Owi nach § 53 Abs. 1 Nr. 20 WaffG)
E führt BPA mit sich, verstößt daher nicht gegen § 38 Abs. 1 S. 1 Nr. 1 WaffG

3. Verbot des Führens von Hieb- und Stoßwaffen nach § 42a Abs. 1 Nr. 2 WaffG (+)
(Verstoß: OWi nach § 53 Abs. 1Nr. 21a WaffG)
=> Da der Teleskopschlagstock eine Hieb- und Stoßwaffe ist, die der E hier führt, ist der Verbotstatbestand erfüllt
- ABER: Ausnahme v. Führensverbot nach § 42a Abs. 2 WaffG? (-)
    o Abs. 2 Nr. 2 WaffG Transport in einem verschlossenen Behältnis (-)
        => Schlagstock befindet sich zugriffsbereit unter dem Fahrersitz des PKW
    o Abs. 2 Nr. 3 WaffG berechtigtes Interesse zum Führen? (-)
    Berechtigtes Interesse wird konkretisiert in Abs. 3
    o im Zusammenhang mit der Berufsausübung (-)
        => E fährt zwar zur Arbeit, das Beisichführen des Schlagstocks weist aber keinen inneren Zusammenhang mit seiner Arbeitstätigkeit auf
    o sonstiger allgemein anerkannter Zweck (-)
    Selbstverteidigungsinteresse des E ist zwar ein legitimes Ansinnen, stellt aber keinen allg. anerkannten Zweck iSd Vorschrift dar

Ergebnis: Verstoß § 42a Abs. 1 WaffG.

V. Endergebnis

E führt den Teleskopschlagstock unter Verstoß gegen § 42a Abs. 1 Nr. 2 WaffG und muss sich daher eine Owi nach § 53 Abs. 1 Nr. 21a WaffG zur Last legen lassen.

Ausformulierte Lösung

E könnte sich vorliegend wegen des Umgangs mit einer verbotenen Waffe nach § 52 Abs. 3 Nr. 1 WaffG (Vergehen) strafbar gemacht haben. Im Raum steht weiterhin eine Owi nach § 53 Abs. 1 Nr. 21a WaffG wegen des verbotenen Führens einer Hieb- und Stoßwaffe.

Zunächst müsste der Anwendungsbereich des WaffG eröffnet sein, was der Fall ist, wenn Umgang mit einer Waffe oder Munition geübt worden ist, vgl. § 1 Abs. 1 WaffG.

Bei dem Gegenstand könnte es sich um eine Waffe im techn. Sinne nach § 1 Abs. 2 Nr. 2a WaffG handeln.

Dann müsste es sich zunächst um einen tragb. Gegenstand handeln. Da E die Eisenstange in der Hand hält, trifft dies zu. Weiterhin müsste der Gegenstand seinem Wesen nach dazu bestimmt sein, die Angriffs- oder Abwehrfähigkeit von Menschen zu beseitigen oder herabzusetzen. Abzustellen ist hier auf den

Herstellerzweck. Bereits die Konstruktion des Gegenstandes mit einer Griffschlaufe an einem Ende und einer kugelförmigen Eisenbeschwerung am anderen Ende lässt bei verständiger Würdigung kaum einen anderen Schluss zu, als dass der Gegenstand als Hieb- und Stoßwaffe[10] hergestellt ist. Vorliegend bestehen an der Wesensbestimmung des Gegenstandes keine Zweifel, weil er ausdrücklich als „ideales Mittel zur Selbstverteidigung" vertrieben wurde. Mithin handelt es sich um eine Waffe im techn. Sinne nach § 1 Abs. 2 Nr. 2a WaffG. Diese sind ausnahmslos v. WaffG erfasst.

Weiter müsste E Umgang mit der Waffe geübt haben. Als Umgangsart kommt hier ein Führen gem. § 1 Abs. 3 iVm Anl. 1 Abschn. 2 Nr. 4 WaffG in Betracht. Lt. SV weiß E, dass sich die Waffe unmittelbar unter seinem Fahrersitz befindet und er daher die tats. Gewalt über diese ausübt. Da er sich mit dem PKW im öff. Verkehrsraum befindet, erfolgt dies auch außerhalb der eigenen Wohnung, Geschäftsräume, des eigenen befriedeten Besitztums sowie einer Schießstätte, so dass ein Führen der Waffe nach § 1 Abs. 3 iVm Anl. 1 Abschn. 2 Nr. 4 WaffG zu bejahen ist. Das Führen impliziert auch stets den Erwerb und Besitz.

Das WaffG ist somit anwendbar.

Fraglich ist, ob es sich bei dem Gegenstand um eine verbotene Waffe iSd § 2 Abs. 3 iVm Anl. 2 Abschn. 1 Nr. 1.3.2, 1.3.1 WaffG handelt. Für diesen Fall läge eine Straftat nach § 52 Abs. 3 Nr. 1 WaffG vor.[11]

Vorliegend könnte es sich um einen Totschläger oder eine Stahlrute iSd Anl. 2 Abschn. 1 Nr. 1.3.2 WaffG handeln. Typisch für Totschläger ist, dass sie ebenso wie der hier in Rede stehende Gegenstand an einem Ende eine kugelförmige Eisenbeschwerung aufweisen. Typisch für Stahlruten ist, dass sie zumeist zusammengeschoben werden können. Wesensbestimmend für Totschläger und Stahlrute ist allerdings, dass sie zwingend flexibel sein müssen. Dieses Konstruktionsmerkmal bedingt die besondere Gefährlichkeit ihres Einsatzes, weshalb der Gesetzgeber sie verboten hat. Der von E vorgezeigte Gegenstand ist lt. SV starr und nicht flexibel. Es handelt sich daher weder um einen Totschläger, noch um eine Stahlrute. Vielmehr handelt es sich hier um einen sog. Teleskopschlagstock. Eine Verbotseigenschaft nach § 2 Abs. 3 iVm Anl. 2 Abschn. 1 Nr. 1.3.2 WaffG scheidet daher aus.

> **Die Biegsamkeit ist wesentl. Kriterium von Totschläger und Stahlrute**, da nur durch diese die beabsichtigte Verstärkung der Schlagwirkung gewährleistet wird.

---

10 Legaldefiniert in Anl. 1 Abschn. 1 UA 2 Nr. 1.1 WaffG – Gegenstände, die ihrem Wesen nach dazu bestimmt sind, unter unmittelbarer Ausnutzung der Muskelkraft durch Hieb, Stoß, Stich, Schlag oder Wurf Verletzungen beizubringen.
11 Spätestens hier muss die erste in Rede stehende Strafvorschrift benannt werden.

Fall 2 Verteidigungsbereit auf dem Heimweg von der Nachtschicht

> **Schlagstöcke** (auch ausziehbare Teleskopschlagstöcke) zählen wegen ihrer starren Konstruktion **nicht** zu den Totschlägern.

Weiter wäre der Teleskopschlagstock als Hieb- und Stoßwaffe nach § 2 Abs. 3 iVm Anl. 2 Abschn. 1 Nr. 1.3.1 WaffG verboten, wenn er seiner Form nach geeignet wäre, einen anderen Gegenstand vorzutäuschen, oder wenn er mit Gegenständen des täglichen Gebrauchs verkleidet wäre. Zwar ist der zusammen geschobene Teleskopschlagstock nicht auf den ersten Blick als Hieb- und Stoßwaffe zu erkennen, allerdings täuscht er weder einen anderen Gegenstand vor, noch ist er mit anderen Gegenständen verkleidet, weshalb auch dieses Verbot nicht greift.[12]

Der Teleskopschlagstock ist daher nicht verboten.

Zu prüfen ist weiter, ob der Teleskopschlagstock eine erlaubnispflichtige Waffe darstellt. Nach § 2 Abs. 2 iVm Anl. 2 Abschn. 2 UA 1 S. 1 WaffG sind alle Schussw. sowie den Schussw. gleichgest. tragb. Gegenstände (ausgenommen Magazine) und die dafür bestimmte Munition im Umgang (ausgenommen das Überlassen) grds. erlaubnispflichtig. Da der Schlagstock weder eine Schussw. noch ein gleichgest. tragb. Gegenstand ist, unterliegt er keiner Erlaubnispflicht und ist daher erlaubnisfrei.

Auch für erlaubnisfreie Waffen gelten aber Reglementierungen. Zunächst dürfen nur Personen Umgang mit Waffen üben, die das 18. Lebensjahr vollendet haben, § 2 Abs. 1 WaffG. Lt. SV ist E 46 Jahre alt, weshalb kein Verstoß gegen das Alterserfordernis nach § 2 Abs. 1 WaffG vorliegt. Zudem führt er seinen BPA mit sich, weshalb er auch seiner Ausweispflicht nach § 38 Abs. 1 S. 1 Nr. 1 WaffG nachgekommen ist.

Zu berücksichtigen ist jedoch, dass das Führen jeglicher (also auch erlaubnisfreier) Hieb- und Stoßwaffen gem. § 42a Abs. 1 Nr. 2 WaffG grds. verboten ist. Da E den Schlagstock führt und es sich bei diesem um eine Hieb- und Stoßwaffe handelt, ist der Verbotstatbestand zunächst betroffen und es steht eine Owi nach § 53 Abs. 1 Nr. 21a WaffG im Raum.

Zu prüfen bleibt indes, ob vorliegend eine Ausnahme v. Führensverbot greift. Da E den Schlagstock unmittelbar unter seinem Fahrersitz hervorholt, scheidet der erlaubte Transport in einem verschlossenen Behältnis nach § 42a Abs. 2 Nr. 2 WaffG aus. Weiter wäre das Führen nach Abs. 2 Nr. 3 der Vorschrift erlaubt, sofern hierfür ein berechtigtes Interesse vorläge. Dieser unbestimmte Rechtsbegriff wird in Abs. 3 weiter konkretisiert, wonach ein berechtigtes Interesse angenommen werden kann, soweit ein Führen im Zusammenhang mit der Berufsausübung erfolgt. Vorliegend fährt E zwar gerade

---

12 So auch BKA-FB v. 20.07.2005, Az. KT 21/ZV 25-5164.01-Z-10.

zur Arbeit, allerdings ist ein inhaltlicher Bezug des Waffenführens zur Berufsausübung als Elektriker nicht gegeben, weshalb auch dieser Ausnahmetatbestand v. Führensverbot nicht greift. Schließlich könnte das Führen erlaubt sein, soweit es einem allgemein anerkannten Zweck dient. Der E gibt an, den Schlagstock zu Verteidigungszwecken bei sich zu haben. Das pauschale Selbstverteidigungsinteresse stellt für sich genommen allerdings keinen allgemein anerkannten Zweck iSd Vorschrift dar,[13] weshalb auch dieser Ausnahmetatbestand nicht greift und vorliegend ein verbotenes Führen zu konstatieren ist.

Da E den Teleskopschlagstock unter Verstoß gegen § 42a Abs. 1 Nr. 2 WaffG führt, muss er sich eine Owi nach § 53 Abs. 1 Nr. 21a WaffG vorwerfen lassen.

---

13 *Gade*, § 42a WaffG Rn. 28.

Fall 3 Messer auf dem Cannstatter Volksfest

Schwerpunkte: Rechtliche Einordnung eines Stiefelmessers (§ 1 Abs. 2 Nr. 2a WaffG), Alterserfordernis nach § 2 Abs. 1 WaffG, Verbot des Führens von Waffen bei öff. Veranst. (§ 42 Abs. 1 WaffG).

In Stuttgart findet das Cannstatter Volksfest statt. Auf dem Volksfestplatz wird eine männliche Person (A) polizeilich überprüft. A gibt an, dass er sich bereits seit etwa 1 Stunde auf dem „Cannstatter Wasen" befindet. Bei der Durchsuchung des A wird ein Stiefelmesser festgestellt, welches innerhalb einer Lederscheide oberhalb des Knöchels getragen wird. Dieses verfügt über eine scharfe und beidseitig geschliffene Klinge sowie eine Parierstange. Aus dem von A vorgelegten BPA können Sie entnehmen, dass dieser 19 Jahre alt ist. Gründe, weshalb er das Stiefelmesser mitführt, kann A nicht angeben.

Frage: Hat A gegen Vorschriften des WaffG verstoßen?

Lösungsskizze:

Vorüberlegung: In Betracht kommende Straftaten / Owi?

§ 52 Abs. 3 Nr. 9 WaffG (Vergehen), wenn es sich beim Stiefelmesser um eine Hieb- und Stoßwaffe handelt und dieses ohne Erlaubnis bei einer öff. Veranst. geführt wird.
§ 53 Abs. 1 Nr. 1 WaffG (Owi), wenn Verstoß gegen das Alterserfordernis nach § 2 Abs. 1 WaffG vorliegt.
§ 53 Abs. 1 Nr. 20 WaffG (Owi), wenn die nach § 38 Abs. 1 S. 1 Nr. 1 WaffG geforderten Dokumente nicht mitgeführt werden.

I. Anwendungsbereich WaffG, § 1 Abs. 1 WaffG

1. Liegt Waffe vor?
   - Waffe im techn. Sinn gem. § 1 Abs. 2 Nr. 2a WaffG[14] (+)
     - Stiefelmesser tragbar (+)
     - seinem Wesen nach dazu bestimmt (Herstellerzweck), die Angriffs- oder Abwehrfähigkeit eines Menschen herabzusetzen (+)
     Problem: Zweckbestimmung legt Hersteller fest, es fehlt jedoch Herstellerbeschreibung
     Zweckbestimmung ist anhand objektiver Kriterien zu ermitteln: => Messer hat Parierstange sowie beidseitigen scharfen Klingenschliff, deshalb Hieb- und Stoßwaffe

---

[14] Waffen im techn. Sinn nach § 1 Abs. 2 Nr. 2a WaffG sind stets und ausnahmslos v. WaffG erfasst, unabhängig davon, ob sie in der exemplarischen Aufzählung zu den Waffen im techn. Sinn in Anl. 1 Abschn. 1 UA 2 Nr. 1 WaffG genannt sind.

2. Wird Umgang ausgeübt?
- Führen nach § 1 Abs. 3 iVm Anl. 1 Abschn. 2 Nr. 4 WaffG (+)
  A hat das Stiefelmesser auf dem Volksfest bei sich, trägt es in einer Lederscheide oberhalb des Knöchels, übt somit die tats. Gewalt über dieses außerhalb der eigenen Wohnung, Geschäftsräume, des eigenen befriedeten Besitztums oder einer Schießstätte aus
  => Stiefelmesser wird geführt (Führen impliziert stets auch Erwerb und Besitz)

Ergebnis: Der Anwendungsbereich des WaffG ist eröffnet.

II. Einordnen der Waffe

1. Waffe verboten nach § 2 Abs. 3 iVm Anl. 2 Abschn. 1 WaffG? (-)
   - Stiefelmesser nicht in Anl. 2 Abschn. 1 WaffG genannt
2. Waffe erlaubnispflichtig nach § 2 Abs. 2 iVm Anl. 2 Abschn. 2 UA 1 S. 1 WaffG? (-)
   - Nach Anl. 2 Abschn. 2 UA 1 S. 1 WaffG sind alle Schussw. sowie gleichgest. tragb. Gegenstände (ausgenommen Magazine) und die dafür bestimmte Munition grds. erlaubnispflichtig (ausgenommen das Überlassen) => Stiefelmesser ist keine Schussw. und auch kein gleichgest. tragb. Gegenstand

Ergebnis: Das Stiefelmesser ist erlaubnisfrei[15]

III. Sonstige Erfordernisse

1. Alterserfordernis, § 2 Abs. 1 WaffG (Verstoß: Owi nach § 53 Abs. 1 Nr. 1 WaffG)
A hat das 18. Lebensjahr vollendet (19 Jahre alt)

2. Ausweispflichten, § 38 WaffG (Verstoß: Owi nach § 53 Abs. 1 Nr. 20 WaffG)
A führt BPA mit sich, verstößt daher nicht gegen § 38 Abs. 1 S. 1 Nr. 1 WaffG

3. Verbot des Führens von Waffen bei öff. Veranst., § 42 Abs. 1 WaffG (Vergehen § 52 Abs. 3 Nr. 9 WaffG)? (+)
   - Cannstatter Wasen ist Volksfest und damit öff. Veranst. (+)
   - Stiefelmesser ist Waffe iSd § 1 Abs. 2 Nr. 2a WaffG (+)
   - Stiefelmesser wird geführt (Prüfung siehe oben) (+)
   - A ist Teilnehmer, nach Rechtsprechung BGH ist teilnehmen gleichzusetzen mit Erscheinen oder Anwesendsein, Teilnahmewille ebenso erforderlich
     => A gibt an, dass er bereits seit einer Stunde anwesend ist
- Ausnahme nach § 42 Abs. 2 WaffG (-)
  - Kein Ausnahmebescheid vorhanden
  - Gesetzliche Ausnahme nach § 42 Abs. 4 WaffG (-)
    Auf A trifft keine dort genannte Ausnahme zu
- Verstoß § 42a Abs. 1 Nr. 2 WaffG - Verbot des Führens von Hieb- und Stoßwaffen? (-)
  Tritt zurück, da spezielle Regelung des § 42 Abs. 1 WaffG der Regelung des § 42a Abs. 1 WaffG vorgeht, deshalb keine Owi § 53 Abs. 1 Nr. 21a WaffG

---

[15] Eine Erlaubnisprüfung bzw. von Ausnahmen von der Erlaubnispflicht hinsichtlich einzelner Umgangsarten erübrigt sich daher.

Ergebnis: A hat eine Straftat nach § 52 Abs. 3 Nr. 9 WaffG begangen.

IV. Endergebnis

A muss sich eine Straftat gem. § 52 Abs. 3 Nr. 9 WaffG zur Last legen lassen.

Ausformulierte Lösung

A könnte eine Straftat gem. § 52 Abs. 3 Nr. 9 WaffG (Vergehen) begangen haben, wenn er eine Waffe iSd § 1 Abs. 2 WaffG bei einer öff. Veranst. ohne Erlaubnis geführt hat. Weiter steht eine Owi gem. § 53 Abs. 1 Nr. 1 WaffG und § 53 Abs. 1 Nr. 20 WaffG im Raum, sofern gegen das Alterserfordernis verstoßen wird und die erforderlichen Dokumente nicht mitgeführt werden.

Zunächst müsste der Anwendungsbereich des WaffG eröffnet sein, was der Fall ist, wenn Umgang mit einer Waffe oder Munition geübt worden ist, vgl. § 1 Abs. 1 WaffG.

Bei dem aufgefundenen Stiefelmesser könnte es sich um eine Hieb- und Stoßwaffe iSd § 1 Abs. 2 Nr. 2a iVm Anl. 1 Abschn. 1 UA 2 Nr. 1.1 WaffG handeln. Zunächst müsste das Stiefelmesser tragbar sein. A hat es bei sich in einer Messerscheide am Knöchel, weshalb dies der Fall ist. Charakteristisch für Hieb- und Stoßwaffen ist weiterhin, dass sie ihrem Wesen nach dazu *bestimmt* sind, unter unmittelbarer Ausnutzung der Muskelkraft durch Hieb, Stoß, Stich, Schlag oder Wurf Menschen Verletzungen beizubringen. Hierbei ist allein auf den Herstellerzweck abzustellen. Da vorliegend auf keine Herstellerbeschreibung zurückgegriffen werden kann, ist die Zweckbestimmung anhand objektiver Kriterien zu beurteilen. Bereits der beidseitige Schliff der Klinge spricht für die Waffeneigenschaft. Die vorhandene Parierstange ermöglicht zudem ein kraftvolles Zustoßen, ohne dass die das Messer führende Hand in die Klinge rutschen kann. Diese Konstruktionsmerkmale lassen allein den Schluss zu, dass das Stiefelmesser dazu bestimmt ist, Verletzungen bei Menschen herbeizuführen. Dies geschieht unter Ausnutzung der Muskelkraft, da die Übertragung der Antriebsenergie durch einen Stoß oder Stich die Verletzungswirkung verstärkt.

Im Ergebnis handelt es sich um eine Hieb- und Stoßwaffe und somit um eine Waffe iSd § 1 Abs. 2 Nr. 2a iVm Anl. 1 Abschn. 1 UA 2 Nr. 1.1 WaffG.[16]

Mit dieser müsste A Umgang geübt haben. In Betracht kommt vorliegend ein Führen gem. § 1 Abs. 3 iVm Anl. 1 Abschn. 2 Nr. 4 WaffG. Danach führt eine Waffe, wer die tats. Gewalt darüber außerhalb der eigenen Wohnung, Geschäftsräume, des eigenen befriedeten Besitztums oder einer Schießstätte aus-

---

16 Waffen im techn. Sinn nach § 1 Abs. 2 Nr. 2a WaffG sind stets und ausnahmslos v. WaffG erfasst, unabhängig davon, ob sie in der exemplarischen Aufzählung zu den Waffen im techn. Sinn in Anl. 1 Abschn. 1 UA 2 Nr. 1 WaffG genannt sind.

übt. A trägt das Stiefelmesser auf dem Volksfest bei sich und damit außerhalb dieser Räume.

Auch müsste A die tats. Gewalt über die Waffe ausgeübt haben, was eine v. Willen getragene, jederzeit zu realisierende Herrschaftsmöglichkeit voraussetzt. A trägt das Stiefelmesser innerhalb einer Lederscheide oberhalb des Knöchels und hat damit die jederzeit zu realisierende Herrschaftsmöglichkeit.

A übt daher die tats. Gewalt über das Stiefelmesser aus und will dies auch, er führt es gem. § 1 Abs. 3 iVm Anl. 1 Abschn. 2 Nr. 4 WaffG.

Der Anwendungsbereich des WaffG ist eröffnet.

Das Stiefelmesser ist nicht in § 2 Abs. 3 iVm Anl. 2 Abschn. 1 WaffG genannt und daher nicht verboten.

Merke:

Das **verdeckte Tragen** einer Hieb- und Stoßwaffe (etwa Stiefelmesser) macht diese nicht zur „getarnten" (verbotenen) Hieb- und Stoßwaffe iSd Anl. 2 Abschn. 1 Nr. 1.3.1 WaffG und stellt daher **kein Vergehen** gem. § 52 Abs. 3 Nr. 1 WaffG dar.

Merke:

Bei **getarnten Gegenständen** ist zunächst sorgfältig zu prüfen, ob diese eine Zweckbestimmung zur **Waffe im technischen Sinne** (§ 1 Abs. 2 Nr. 2a WaffG) aufweisen. **Nur dann** ist die Verbotseigenschaft „getarnte Hieb- und Stoßwaffe" iSd Anl. 2 Abschn. 1 Nr. 1.3.1 WaffG zu bejahen.

Zu prüfen ist weiter, ob das Stiefelmesser eine erlaubnispflichtige Waffe darstellt. Nach § 2 Abs. 2 iVm Anl. 2 Abschn. 2 UA 1 S. 1 WaffG sind alle Schussw. sowie den Schussw. gleichgest. tragb. Gegenstände (ausgenommen Magazine) und die dafür bestimmte Munition im Umgang (ausgenommen das Überlassen) grds. erlaubnispflichtig. Da das Stiefelmesser weder eine Schussw. noch ein gleichgest. tragb. Gegenstand ist, unterliegt es keiner Erlaubnispflicht und ist daher erlaubnisfrei.

Auch für erlaubnisfreie Waffen gelten aber Reglementierungen. Zunächst dürfen nur Personen Umgang mit Waffen üben, die das 18. Lebensjahr vollendet haben, § 2 Abs. 1 WaffG. Lt. SV ist A 19 Jahre alt, weshalb kein Verstoß gegen das Alterserfordernis nach § 2 Abs. 1 WaffG vorliegt. Zudem führt er seinen BPA mit sich, weshalb er auch seiner Ausweispflicht nach § 38 Abs. 1 S. 1 Nr. 1 WaffG nachgekommen ist.

Zu berücksichtigen ist jedoch, dass das Führen jeglicher (also auch erlaubnisfreier) Waffen bei öff. Veranst. nach § 42 Abs. 1 WaffG verboten ist. Hier befindet A sich auf dem Cannstatter Wasen und damit auf einem Volksfest, welches v. Begriff der öff. Veranst. iSd § 42 Abs. 1 WaffG erfasst ist. Wie bereits festgestellt, führt A die Waffe.

Fraglich ist jedoch, ob er auch an der öff. Veranst. teilnimmt.[17] Teilnehmen ist nach der Rechtsprechung des BGH gleichzusetzen mit Erscheinen oder Anwesendsein. Ein „gewisser" Teilnahmewille ist erforderlich, weshalb rein zufällige Berührungspunkte mit der öff. Veranst. ohne Teilnahmewillen (zB das Zurücklegen einer Wegstrecke durch eine öff. Veranst.) nicht hierunter fallen.[18] A gibt an, bereits seit etwa 1 Stunde anwesend zu sein, so dass ein Teilnahmewille offenkundig und A Teilnehmer der öff. Veranst. ist.

Schließlich kann A keine Erlaubnis iSd § 42 Abs. 2 WaffG vorlegen und auch der gesetzliche Ausnahmetatbestand des § 42 Abs. 4 WaffG ist nicht einschlägig.

A hat sich daher gem. § 52 Abs. 3 Nr. 9 WaffG strafbar gemacht.

> **Merke:**
>
> Das **Führensverbot von Waffen nach § 42 Abs. 1 WaffG erfasst allein die Teilnahme** an öffentlichen Veranstaltungen.
>
> Der Weg zu einer öffentlichen Veranstaltung ist nicht vom Verbot erfasst. Auch der Versuch einer verbotenen Teilnahme ist nicht strafbar.

Vorliegend ist ebenfalls der Verbotstatbestand des § 42a Abs. 1 Nr. 2 WaffG erfüllt, wonach das Führen jeglicher (also auch erlaubnisfreier) Hieb- und Stoßwaffen grds. verboten ist. Allerdings ist das Verbot des § 42 Abs. 1 WaffG die speziellere Vorschrift, weshalb § 42a Abs. 1 Nr. 2 WaffG hier nach dem Grundsatz „lex specialis derogat legi generali" nicht weiter zu berücksichtigen ist.

Insgesamt betrachtet muss sich A eine Straftat gem. § 52 Abs. 3 Nr. 9 WaffG zur Last legen lassen.

---

17 Die Teilnahme ist hier die Problematik und ist ausführlich zu prüfen.
18 Vgl. *Gade*, § 42 WaffG Rn. 11.

Fall 4 Mit Baseballschläger auf Taxifahrt

Schwerpunkte: Anwendungsbereich WaffG, Waffenbegriff (§ 1 Abs. 2 WaffG), Waffe im techn. Sinn (§ 1 Abs. 2 Nr. 2a WaffG), Waffe im nichttechn. Sinn (§ 1 Abs. 2 Nr. 2b WaffG).

Der Taxifahrer T übernimmt häufig nächtliche Touren im Frankfurter „Rotlichtviertel". Gegen 2.30 Uhr verlässt der angehende Facharzt L eine einschlägige Bar und steigt ins Taxi des T. Im folgenden Gespräch brüstet sich der T damit, bei allen Nachtfahrten stets einen Baseballschläger griffbereit zu haben, um sich gegen „übermütige" Fahrgäste notfalls zur Wehr setzen zu können. L ist hierüber entrüstet und ruft die Polizei herbei, sobald er das Taxi verlassen hat. Im Taxi des T wird tatsächlich ein Baseballschläger festgestellt. T zeigt bereitwillig seinen BPA vor und bestätigt den Polizeibeamten gegenüber, dass er den Baseballschläger bei jeder Nachtfahrt bei sich habe, um sich gegen drohende Angriffe von gewalttätigen Fahrgästen wehren zu können. Tatsächlich habe er gerade vor wenigen Wochen einen jungen Mann in die Flucht schlagen können, der ihn mit einem Messer bedroht und seine Einnahmen herausverlangt habe.

Auf Nachfrage gibt T an, über keinerlei waffenrechtliche Erlaubnisse zu verfügen.

Frage: Hat T gegen Vorschriften des WaffG verstoßen?

Lösungsskizze

Vorüberlegung: In Betracht kommende Straftaten / Owi?

   Letztlich kommt hier keine Straftat oder Owi ernsthaft in Betracht, weil der Anwendungsbereich des WaffG nicht eröffnet ist.

I. Anwendungsbereich WaffG, § 1 Abs. 1 WaffG

1. Wird Umgang ausgeübt?
   - Führen nach § 1 Abs. 3 iVm Anl. 1 Abschn. 2 Nr. 4 WaffG (+)
   T hat den Baseballschläger auf einer Taxifahrt wissentlich zugriffsbereit neben sich im Auto und übt somit die tats. Gewalt über diesen außerhalb der eigenen Wohnung, Geschäftsräume, des eigenen befriedeten Besitztums oder einer Schießstätte aus
   => Baseballschläger wird geführt (Führen impliziert stets auch Erwerb und Besitz)

2. Liegt Waffe vor?
- Waffe im techn. Sinn gem. § 1 Abs. 2 Nr. 2a WaffG[19] (-)
  - Baseballschläger tragbar (+)
  - seinem Wesen nach dazu bestimmt (Herstellerzweck), die Angriffs- oder Abwehrfähigkeit eines Menschen herabzusetzen (-)
    => Baseballschläger ist als Sportgerät hergestellt
    => dass T den Baseballschläger konkret bei sich führt, um sich mit diesem zu verteidigen, spielt keine Rolle für die Zweckbestimmung, da hier allein auf den Herstellerzweck abzustellen ist
- Waffe im nichttechn. Sinn gem. § 1 Abs. 2 Nr. 2b WaffG[20] (-)
  - Baseballschläger tragbar (+)
  - Nicht seinem Wesen nach dazu bestimmt (Herstellerzweck), aber auf Grund seiner Beschaffenheit, Handhabung oder Wirkungsweise dazu geeignet, die Angriffs- oder Abwehrfähigkeit eines Menschen herabzusetzen (+)
    => nicht dazu bestimmt (+) siehe oben
    => dazu geeignet (+)
    Baseballschläger werden tatsächlich nicht selten folgenschwer gegen Menschen angewendet, weshalb allein schon die Konstruktion die Geeignetheit begründet
  - ACHTUNG: Gegenstände nach § 1 Abs. 2 Nr. 2b WaffG (Waffen im nichttechn. Sinne) sind nur dann v. WaffG erfasst, wenn sie in diesem ausdrücklich genannt sind (vgl. Wortlaut Nr. 2b)
  - Baseballschläger in abschließender Aufzählung in § 1 Abs. 4 iVm Anl. 1 Abschn. 1 UA 2 Nr. 2 WaffG genannt? (-)
    => Baseballschläger ist ein Alltagsgegenstand ohne Waffeneigenschaft
- § 42a Abs. 1 Nr. 3 WaffG (-)

Ergebnis: Der Anwendungsbereich des WaffG ist nicht eröffnet.

II. Endergebnis

Da der Anwendungsbereich des WaffG nicht eröffnet ist, scheidet auch ein Verstoß gegen waffenrechtliche Vorschriften denknotwendig aus.

---

19 Waffen im techn. Sinn nach § 1 Abs. 2 Nr. 2a WaffG sind stets und ausnahmslos v. WaffG erfasst, unabhängig davon, ob sie in der exemplarischen Aufzählung zu den Waffen im techn. Sinn in Anl. 1 Abschn. 1 UA 2 Nr. 1 WaffG genannt sind.
20 Waffen im nichttechn. Sinn nach § 1 Abs. 2 Nr. 2b WaffG sind nur dann v. WaffG erfasst, wenn sie im Gesetz ausdrücklich genannt sind, nämlich in der insoweit abschließenden Aufzählung in Anl. 1 Abschn. 1 UA 2 Nr. 2 WaffG.

Ausformulierte Lösung

Zu klären ist, ob T gegen Vorschriften des WaffG verstoßen hat.[21]

Zunächst müsste der Anwendungsbereich des WaffG eröffnet sein, was der Fall ist, wenn Umgang mit einer Waffe oder Munition ausgeübt worden ist, vgl. § 1 Abs. 1 WaffG.

Vorliegend kommt als Umgangsart ein Führen gem. § 1 Abs. 3 iVm Anl. 1 Abschn. 2 Nr. 4 WaffG in Betracht. Lt. SV weiß T, dass er den Baseballschläger unmittelbar neben sich im Taxi hat und damit die tats. Gewalt über diesen ausübt. Da er auf einer Fahrt im öff. Verkehrsraum unterwegs ist, erfolgt dies auch außerhalb der eigenen Wohnung, Geschäftsräume, des befriedeten eigenen Besitztums sowie einer Schießstätte, so dass ein Führen des Baseballschlägers iSd § 1 Abs. 3 iVm Anl. 1 Abschn. 2 Nr. 4 WaffG zu bejahen ist. Das Führen impliziert auch stets den Erwerb und Besitz.

Fraglich ist, ob es sich bei dem Baseballschläger um eine Waffe handelt. Zunächst könnte es sich um eine sog. Waffe im techn. Sinne nach § 1 Abs. 2 Nr. 2a WaffG handeln, welche ausnahmslos unter den Waffenbegriff des WaffG fallen. Dann müsste der Baseballschläger zunächst tragbar sein. Da T den Baseballschläger problemlos in der Hand halten kann ist dies der Fall. Weiterhin müsste der Baseballschläger seinem Wesen nach dazu bestimmt sein, die Angriffs- oder Abwehrfähigkeit von Menschen zu beseitigen oder herabzusetzen. Für eine solche Zweckbestimmung spricht, dass der T vorliegend angibt, den Baseballschläger zu Verteidigungszwecken im Auto bei sich zu führen. Zu berücksichtigen ist allerdings, dass die Formulierung „seinem Wesen nach dazu bestimmt" nicht auf den Zweck abhebt, zu dem ein Gegenstand in der konkreten Situation verwendet werden soll. Vielmehr hebt diese Formulierung einzig darauf ab, zu welchem Zweck der Gegenstand hergestellt worden ist. Baseballschläger werden als Sportgerät hergestellt und sind v. Hersteller nicht dazu gedacht, gegen Menschen eingesetzt zu werden. Daher mangelt es dem Baseballschläger an der im § 1 Abs. 2 Nr. 2a WaffG benannten Zweckbestimmung und er unterfällt nicht dieser Vorschrift.

Merke:

Die **Zweckbestimmung** eines Gegenstandes bemisst sich nach dem **Herstellerzweck**. **Unbeachtlich** ist, zu welchem Zweck ein Gegenstand im Einzelfall **mitgeführt** wird.

---

21 Da der Regelungsbereich des WaffG letztlich nicht betroffen ist und eine Sanktion nach dem WaffG nicht ernstlich in Betracht kommt, ist es entbehrlich, an dieser Stelle „künstlich" ggf. betroffene Normen des WaffG zu benennen.

Allerdings könnte der Baseballschläger § 1 Abs. 2 Nr. 2b WaffG unterfallen und eine sog. Waffe im nichttechn. Sinne darstellen. Wie bereits festgestellt, handelt es sich um einen tragb. Gegenstand. Dass dieser v. Herstellerzweck her nicht dazu bestimmt ist, die Angriffs- oder Abwehrfähigkeit von Menschen zu beseitigen oder herabzusetzen, wurde ebenfalls dargelegt. Nun müsste der Baseballschläger auf Grund seiner Beschaffenheit, Handhabung oder Wirkungsweise dazu geeignet sein. Tatsächlich werden Baseballschläger nicht selten dazu verwendet, Menschen zu verletzen, weshalb die Geeignetheit allein schon auf Grund der Beschaffenheit bejaht werden kann. Mithin handelt es sich um eine Waffe im nichttechn. Sinne nach § 1 Abs. 2 Nr. 2b WaffG. Zu berücksichtigen ist jedoch, dass die der Nr. 2b unterfallenden Gegenstände nur dann eine Waffe im waffenrechtlichen Sinn darstellen, wenn sie ausdrücklich im WaffG benannt sind. Eine insoweit abschließende Aufzählung zu § 1 Abs. 2 Nr. 2b WaffG lässt sich in Anl. 1 Abschn. 1 UA 2 Nr. 2 WaffG finden. Nur die hier genannten, unter Nr. 2b fallenden Gegenstände sind auch Waffen iSd WaffG. Da der Baseballschläger hier nicht genannt ist, ist ihm auch keine Waffeneigenschaft beizumessen. Auch ist nicht ersichtlich, dass ausnahmsweise das WaffG auf einen Alltagsgegenstand angewendet werden soll (§ 42a Abs. 1 Nr. 3 WaffG).

Der Baseballschläger ist daher ein Alltagsgegenstand ohne Waffeneigenschaft, weshalb das WaffG nicht anwendbar ist.

Der SV ist somit waffenrechtlich unbeachtlich und damit scheidet auch ein Verstoß gegen waffenrechtliche Vorschriften aus.

Fall 5 Ein Elektroimpulsgerät am Hamburger Hauptbahnhof

Schwerpunkte: Waffenbegriff (§ 2 Abs. 2 WaffG), verbotene Waffen (Anl. 2 Abschn. 1 WaffG).

Im Rahmen einer polizeilichen Kontrolle im Hamburger Hauptbahnhof wird die volljährige männliche Person (P) rechtmäßig durchsucht. Dabei wird in der Jackentasche des P ein Elektroimpulsgerät (EIG) mit dem Schriftzug „self defense" festgestellt. Sonstige Kennzeichnungen weist das Gerät nicht auf. Auf Nachfrage gibt P an, das EIG vor einiger Zeit auf einem Flohmarkt erworben zu haben.

Frage: Hat P gegen das WaffG verstoßen?

Lösungsskizze:

Vorüberlegung: In Betracht kommende Straftaten / Ordnungswidrigkeiten?

§ 52 Abs. 3 Nr. 1 (Vergehen) wenn es sich um ein verbotenes Elektroimpulsgerät handelt und P damit Umgang geübt hat.

I. Anwendungsbereich WaffG, § 1 Abs. 1 WaffG

1. Liegt Waffe vor?
   - Waffe im techn. Sinn gem. § 1 Abs. 2 Nr. 2a WaffG[22] (+)
     - Elektroimpulsgerät tragbar (+)
     - seinem Wesen nach dazu bestimmt (Herstellerzweck), die Angriffs- oder Abwehrfähigkeit eines Menschen herabzusetzen (+)
     => Aufschrift „self-defense"

2. Wird Umgang ausgeübt?
   - Führen nach Anl. 1 Abschn. 2 Nr. 4 WaffG (+)
     => P hält sich im Bahnhof auf und das Elektroimpulsgerät befindet sich in seinem Rucksack. Somit übt er die tatsächliche Gewalt über dieses außerhalb der eigenen Wohnung, Geschäftsräume, des eigenen befriedeten Besitztums oder einer Schießstätte aus

---

[22] Waffen im techn. Sinn nach § 1 Abs. 2 Nr. 2a WaffG sind stets und ausnahmslos vom WaffG erfasst, unabhängig davon, ob sie in der exemplarischen Aufzählung zu den Waffen im techn. Sinn in Anl. 1 Abschn. 1 UA 2 Nr. 1 WaffG genannt sind.

⇒ das Elektroimpulsgerät wird geführt (Führen impliziert stets auch Erwerb und Besitz)

Ergebnis: Der Anwendungsbereich des WaffG ist eröffnet.

II. Einordnen der Waffe

1. Waffe verboten nach § 2 Abs. 3 iVm Anl. 2 Abschn. 1 WaffG? (+)
- Elektroimpulsgeräte sind grds. verboten nach Anl. 2 Abschn. 2 Nr. 1.3.6 WaffG
  o ABER: Ausgenommen vom Verbot sind Elektroimpulsgeräte, die als gesundheitlich unbedenklich amtlich zugelassen sind und ein amtliches Prüfzeichen („PTB/E im Trapez") tragen. Lt. SV trägt das Elektroimpulsgerät keinerlei Kennzeichnungen, weshalb eine Ausnahme vom Verbot nicht greift.
  ⇒ das Elektroimpulsgerät ist nach § 2 Abs. 3 iVm Anl. 2 Abschn. 1 Nr. 1.3.6 WaffG verboten

III. Endergebnis

P muss sich ein Vergehen gem. § 52 Abs. 3 Nr. 1 WaffG zur Last legen lassen.

Ausformulierte Lösung

P könnte eine Straftat (Vergehen) nach § 52 Abs. 3 Nr. 1 WaffG begangen haben, soweit das WaffG anwendbar ist und es sich bei dem Elektroimpulsgerät um eine verbotene Waffe handelt.

Fraglich ist, ob es sich bei dem in Rede stehenden Elektroimpulsgerät um eine Waffe iSd WaffG handelt. Dies könnte nach § 1 Abs. 2 Nr. 2a WaffG der Fall sein. Zunächst müsste das Elektroimpulsgerät tragbar sein. Es befindet sich in Ps. Rucksack, weshalb dies der Fall ist. Weiter müsste das Elektroimpulsgerät seinem Wesen nach dazu bestimmt sein, die Angriffs- oder Abwehrfähigkeit von Menschen zu beseitigen oder herabzusetzen. Es stellt sich demnach die Frage, zu welchem Zweck das vorgefundene Elektroimpulsgerät hergestellt worden ist. Die Beschriftung „self defense" lässt erkennen, dass das Gerät vom Hersteller offensichtlich zu Verteidigungszwecken bestimmt ist. Demnach ist es seinem Wesen nach zumindest auch dazu bestimmt, die Angriffsfähigkeit eines Menschen herabzusetzen, weshalb es unter die Vorschrift des § 1 Abs. 2 Nr. 2a WaffG fällt und als Waffe iSd WaffG einzustufen ist (Waffe im technischen Sinn). Beispielhaft ist das Elektroimpulsgerät auch in Anl. 1 Abschn. 1 UA 2 Nr. 1.2.1 WaffG genannt.

P trägt das Elektroimpulsgerät laut SV bei sich. Er übt demnach die tatsächliche Gewalt über dieses aus. Dies geschieht außerhalb seiner eigenen Wohnung, Geschäftsräume, befriedeten Besitztums sowie außerhalb einer Schießstätte, so dass er das Gerät vorliegend führt, vgl. § 1 Abs. 3 iVm Anl. 1 Abschn. 2 Nr. 4 WaffG.

Der Anwendungsbereich des WaffG ist daher eröffnet.

Fraglich ist, ob es sich bei dem Elektroimpulsgerät um eine verbotene Waffe handelt. Diese sind in § 2 Abs. 3 iVm Anl. 2 Abschn. 1 WaffG abschließend aufgeführt. Vorliegend könnte es sich um ein verbotenes Elektroimpulsgerät nach Anl. 2 Abschn. 1 Nr. 1.3.6 WaffG handeln. Demnach sind Elektroimpulsgeräte verboten, soweit sie nicht als gesundheitlich unbedenklich amtlich zugelassen sind und zum Nachweis hierfür ein amtliches Prüfzeichen tragen. Bei dem erforderlichen amtlichen Prüfzeichen handelt es sich um das „PTB/E im Trapez". Ein solches Prüfzeichen weist das hier vorliegende Elektroimpulsgerät nicht auf, weshalb es nach Anl. 2 Abschn. 1 Nr. 1.3.6 WaffG verboten ist.

Das Führen des verbotenen Elektroimpulsgerätes erfüllt den Straftatbestand des § 52 Abs. 3 Nr. 1 WaffG. Dies muss sich P zur Last legen lassen.

Teil II Erlaubnispflichtige Waffen

- Erlaubnispflicht
- Konstellationen des erlaubnisfreien Erwerbs, Besitzes und Führens
- Aufbewahrungspflichten
- Umgangsarten   Besitz,   Führen,   Überlassen

Fall 6 Ein Sportschütze mit Leihwaffe

Schwerpunkte: Erlaubnispflicht, erlaubnisfreier Erwerb und Besitz (§ 12 Abs. 1 Nr. 1a WaffG), erlaubnisfreies Führen (§ 12 Abs. 3 Nr. 2 WaffG), Ausweispflichten (§ 38 Abs. 1 S. 1 Nr. 1, 1f WaffG).

Im Rahmen einer polizeilichen Kontrollstelle im grenznahen Raum wird ein PKW angehalten, in dem sich eine 38-jährige männliche Person (P) befindet.

Auf dem Rücksitz des PKW liegt ein abgeschlossener Waffenkoffer. Auf Nachfrage gibt P an, es handele sich um ein KK-Sportgewehr. P weist sich mit seinem BPA aus und legt eine auf seinen Namen ausgestellte WBK vor.

Das Vorführen der Waffe ergibt, dass sich keine Munition in ihr befindet. Sie stellen fest, dass die Schussw. nicht in die WBK des P eingetragen ist. P gibt hierzu an, er habe sich die Waffe bei seinem Vereinskameraden S ausgeliehen, da er sich ggf. eine baugleiche Waffe kaufen wolle und diese daher zuvor einmal ausprobieren wolle. Gerade jetzt sei er auf dem Weg zum Schützenverein.

Tatsächlich befindet sich der Schützenverein in nur 5 km Entfernung und auch die Aussage des P, er komme gerade von zu Hause, ist anhand seines im BPA eingetragenen Wohnortes nachvollziehbar.

Schließlich legt P einen Zettel vor, auf dem eine Leihvereinbarung zwischen ihm und dem S verfasst ist. Demnach ist eine Leihe von 10 Tagen vereinbart, damit P die Waffe zum sportlichen Probeschießen testen könne. Auf dem Papier befindet sich zudem eine Kopie des BPA des S und eine Kopie dessen WBK, inwelcher die Waffe auch eingetragen ist.

Frage: Muss sich P waffenrechtliche Verstöße zur Last legen lassen?

Lösungsskizze

Vorüberlegung: In Betracht kommende Straftaten / Owi ?

§ 52 Abs. 3 Nr. 2a WaffG (Vergehen), wenn das KK-Gewehr eine erlaubnispflichtige Waffe ist und P diese ohne die erforderliche Erlaubnis erworben, besessen oder geführt hat und zudem keine Ausnahme von der Erlaubnispflicht für den geübten Umgang greift.

I. Anwendungsbereich WaffG, § 1 Abs. 1 WaffG

1. Liegt Waffe vor?
   - Schussw. iGd § 1 Abs. 2 Nr. 1 Alt. 1 iVm Anl. 1 Abschn. 1 UA 1 Nr. 1.1 WaffG (+)

2. Wird Umgang ausgeübt?
- Führen nach § 1 Abs. 3 iVm Anl. 1 Abschn. 2 Nr. 4 WaffG (+)
  ○ Ausübung der tats. Gewalt? (+)
    Def.: Tats. Gewalt setzt willensgetragene, jederzeit zu realisierende Herrschaftsmöglichkeit voraus
    Contra: Waffe auf dem Rücksitz in abgeschlossenem Waffenkoffer => P kann nicht ungehindert auf sie einwirken
    Pro: Begriff der tats. Gewalt darf in zeitlicher wie auch in räumlicher Hinsicht nicht zu eng ausgelegt werden => Es reicht grds. Möglichkeit, nach eigenem Willen auf die Waffe einwirken zu können
  ○ Außerhalb der eigenen Wohnung, Geschäftsräume, des eigenen befriedeten Besitztums oder einer Schießstätte (+)
    Waffe im abgeschlossenen Koffer auf PKW-Rückbank, Transport im öff. Raum
    => KK-Gewehr wird geführt (Führen impliziert stets auch Erwerb und Besitz)

Ergebnis: Der Anwendungsbereich des WaffG ist eröffnet

II. Einordnen der Waffe

1. Waffe verboten nach § 2 Abs. 3 iVm Anl. 2 Abschn. 1 WaffG? (-)
- KK-Gewehr nicht in Anl. 2 Abschn. 1 WaffG genannt

2. Waffe erlaubnispflichtig nach § 2 Abs. 2 iVm Anl. 2 Abschn. 2 UA 1 S. 1 WaffG? (+)
- Nach § 2 Abs. 2 iVm Anl. 2 Abschn. 2 UA 1 S. 1 WaffG sind alle Schussw. sowie gleichgest. tragb. Gegenstände (ausgenommen Magazine) und die dafür bestimmte Munition grds. erlaubnispflichtig (ausgenommen das Überlassen)
  => auch die hier in Rede stehende Schussw.

Ergebnis: KK-Gewehr unterliegt der Erlaubnispflicht.

III. Prüfen erforderlicher Erlaubnisse bzw. von Ausnahmen von der Erlaubnispflicht, wenn keine Erlaubnis vorgelegt werden kann

Ausgeübte Umgangsart[23]

1. Erwerb und Besitz
Erforderliche Erlaubnis (WBK) vorhanden? (+)
ABER: Waffe ist nicht in WBK eingetragen, weshalb keine gültige Erlaubnis für die geführte Schussw. vorliegt
  Ausnahmsweise erlaubnisfreier Erwerb und Besitz? (+)
- Personen- bzw. situationsbez. Ausnahme nach § 12 Abs. 1 Nr. 1a WaffG?
  ○ P Inhaber einer WBK (+)
  ○ Erwerb von Berechtigtem? (+)
    => Die WBK des S mit eingetragener Waffe ist auf den Leihbeleg kopiert
  ○ Vorübergehend, max. 1 Monat? (+)

---

[23] Da die hier in Betracht kommenden Umgangsarten bereits im Zuge der Prüfung des Anwendungsbereichs geprüft worden sind (Erwerb, Besitz und Führen), kann hier kurz auf diese verwiesen werden.

Fälle und Musterlösungen zum Waffenrecht

=> lt. SV soll Ausleihe für 10 Tage erfolgen
- o Zu einem v. Bedürfnis umfassten Zweck? (+)
  => P ist Sportschütze und hat Sportwaffe zum Probeschießen ausgeliehen

2. Führen
Erforderliche Erlaubnis (WS) vorhanden? (-)
Ausnahmsweise erlaubnisfreies Führen? (+)
- Personen- bzw. situationsbez. Ausnahme nach § 12 Abs. 3 Nr. 2 WaffG?
  - o Waffe nicht schussbereit, Def. Anl. 1 Abschn. 2 Nr. 12 WaffG (+)
    => lt. SV keine Munition in der Waffe
  - o Waffe nicht zugriffsbereit, Def. Anl. 1 Abschn. 2 Nr. 13 WaffG (+)
    Auf jeden Fall (unwiderlegbare gesetzliche Vermutung), wenn sie in verschlossenem Behältnis mitgeführt wird
    => Waffe wird in abgeschlossenem Koffer transportiert
  - o Transport von A nach B (+)
    P kommt gerade von seinem Bekannten, von dem er die Waffe geliehen hat und fährt zum Schützenverein
  - o Transport zu einem v. Bedürfnis umfassten Zweck oder im Zusammenhang damit (+)
    => P ist Sportschütze und fährt mit der Sportwaffe zum Probeschießen im Schützenverein

Ergebnis: P hat vorliegend erlaubnisfrei das KK-Sportgewehr besitzen und führen dürfen

IV. Sonstige Erfordernisse

Ausweispflichten, § 38 Abs. 1 S. 1 WaffG (Verstoß:Owi nach § 53 Abs. 1 Nr. 20 WaffG)
P führt BPA und Leihbeleg mit sich, verstößt daher nicht gegen § 38 Abs. 1 S. 1 Nr. 1, 1f WaffG

V. Endergebnis
P muss sich keine Verstöße gegen das WaffG zur Last legen lassen.

Ausformulierte Lösung

P könnte sich gem. § 52 Abs. 3 Nr. 2a WaffG (Vergehen) strafbar gemacht haben wegen des Erwerbs, Besitzes oder Führens einer erlaubnispflichtigen Schussw. ohne die hierfür erforderliche Erlaubnis.

Zunächst müsste der Anwendungsbereich des WaffG eröffnet sein, was der Fall ist, wenn Umgang mit einer Waffe oder Munition ausgeübt worden ist, vgl. § 1 Abs. 1 WaffG.

Bei dem KK-Sportgewehr handelt es sich um eine Schussw. gem. § 1 Abs. 1 Nr. 1 Alt. 1 iVm Anl. 1 Abschn. 1 UA 1 Nr. 1.1 WaffG.

Mit dieser müsste P Umgang ausgeübt haben. In Betracht kommt vorliegend ein Führen gem. § 1 Abs. 3 iVm Anl. 1 Abschn. 2 Nr. 4 WaffG. Danach führt eine Waffe, wer die tats. Gewalt darüber außerhalb der eigenen Wohnung, Ge-

27

schäftsräume, des eigenen befriedeten Besitztums oder einer Schießstätte ausübt.

Vorliegend befindet sich die Schussw. in einem Waffenkoffer auf dem Autorücksitz des P und damit außerhalb dieser Räume.

Weiter müsste P die tats. Gewalt über die Waffe ausgeübt haben, was eine v. Willen getragene, jederzeit zu realisierende Herrschaftsmöglichkeit voraussetzt. Daran könnten hier Zweifel bestehen, da sich die Waffe während der Fahrt in einem abgeschlossenen Waffenkoffer befindet und der P daher nicht ungehindert auf sie einwirken kann. Allerdings darf der Begriff der tats. Gewalt in zeitlicher wie auch in räumlicher Hinsicht nicht zu eng ausgelegt werden. Vielmehr geht es um die grds. Möglichkeit, nach eigenem Willen auf die Waffe einwirken zu können. Diese Möglichkeit besteht auch dann, wenn der Zugriff nur mit zeitlicher Verzögerung oder erst nach einer räumlichen Annäherung erfolgen kann.[24]

P übt daher die tats. Gewalt über die Waffe aus und will dies auch, er führt sie gem. § 1 Abs. 3 iVm Anl. 1 Abschn. 2 Nr. 4 WaffG.

Das WaffG ist somit anwendbar.

Merke:

Die tatsächliche Gewalt setzt eine zeitlich/räumliche Nähe zum konkreten Zugriff auf die Waffe nicht voraus. **Daher wird eine Waffe im öff. Raum stets geführt, auch wenn sie nicht zugriffsbereit ist.** Die Zugriffsbereitschaft der Waffe ist einzig dafür relevant, ob das festgestellte Führen ggf. nach Maßgabe des § 12 Abs. 3 Nr. 2 WaffG im Einzelfall erlaubnisfrei ist.

Die hier geführte Schussw. ist nicht in § 2 Abs. 3 iVm Anl. 2 Abschn. 1 WaffG aufgezählt und daher nicht verboten.

Zu prüfen ist, ob es sich um eine erlaubnispflichtige Waffe handelt. Nach § 2 Abs. 2 iVm Anl. 2 Abschn. 2 UA 1 S. 1 WaffG sind alle Schussw. sowie ihnen gleichgest. tragb. Gegenstände (ausgenommen Magazine) und die dafür bestimmte Munition im Umgang (ausgenommen das Überlassen) grds. erlaub-

---

24 Dementsprechend verbleiben gemeinhin anerkannt auch Waffen, die in einer Wohnung eingeschlossen sind, in der tats. Gewalt des abwesenden Inhabers (vgl. WaffVwV Anl. 1 Abschn. 2 Nr. 2). Ebenso wird die tats. Gewalt nicht dadurch aufgehoben, dass eine Waffe nicht schuss- und nicht zugriffsbereit transportiert wird (vgl. *Gade*, Anl. 1 WaffG Rn. 168). Dies steht im Einklang mit der Rechtslage, wonach der nicht schuss- und nicht zugriffsbereite Transport einer Waffe explizit als „Führen" benannt ist, vgl. § 12 Abs. 3 Nr. 2 WaffG. Auch wenn diese Form des Transports bei Vorliegen weiterer tatbestandlicher Vorauss. erlaubnisfrei gestellt ist, so ändert dies nichts daran, dass es sich um ein Führen handelt.

nispflichtig, weshalb auch die hier in Rede stehende Schussw. einer generellen Erlaubnispflicht unterfällt.

> **Merke:**
> **Der Erlaubnispflicht nach Anl. 2 Abschn. 2 UA 1 S. 1 WaffG unterfallen alle Waffen nach § 1 Abs. 2 Nr. 1 WaffG (Schusswaffen und alle ihnen gleichgestellten Gegenstände** [ausgenommen Magazine]**) und die dafür bestimmte Munition.**
>
> Es gilt daher:
>
> Waffen nach § 1 Abs. 2 Nr. 1 WaffG (Schusswaffen und alle ihnen gleichgestellten Gegenstände [ausgenommen Magazine]) **sind entweder verboten oder erlaubnispflichtig.**
>
> **Waffen nach § 1 Abs. 2 Nr. 2 WaffG sind entweder verboten nach Anl. 2 Abschn. 1 WaffG oder erlaubnisfrei.**

Vorliegend führt P die KK-Waffe. Das Führen impliziert auch stets den Erwerb und Besitz.

Erwerb und Besitz setzen eine WBK voraus, das Führen erfordert einen WS, vgl. § 10 WaffG.

Fraglich ist, ob P die Schussw. rechtm. erworben hat und diese rechtm. besitzt. Zwar ist er lt. SV Inhaber einer WBK. Diese legitimiert aber nicht gemeinhin den Erwerb und Besitz von Schussw. Vielmehr bezieht sich die Erlaubnis nur auf die konkret in der WBK benannten Waffen.

Hier ist die Waffe nicht in die WBK eingetragen. Die WBK stellt daher keine Legitimation für den Erwerb und Besitz der hier in Rede stehenden Schussw. dar.

Dies spricht für eine Straftat nach § 52 Abs. 3 Nr. 2a WaffG. Allerdings ist zu prüfen, ob ausnahmsweise ein Fall des erlaubnisfreien Erwerbs und Besitzes vorliegt. Dies könnte unter den Vorauss. des § 12 Abs. 1 Nr. 1a WaffG der Fall sein.

Voraussetzung hierfür ist, dass P Inhaber einer WBK ist. Dies ist der Fall. Weiter müsste er die Waffe von einem Berechtigten erworben haben. Lt. SV hat er die Waffe von seinem Schützenbruder S ausgeliehen, welcher diese seinerseits rechtm. auf eine WBK erworben hat. Dies ist auch aus dem vorgelegten Leihbeleg des P ersichtlich, auf dem eine Kopie der WBK des S zu sehen ist. Die Pflicht zum Mitführen des Leihbeleges folgt aus § 38 Abs. 1 S. 1 Nr. 1f WaffG.

Der Erwerb soll für lediglich 10 Tage erfolgen. Dies ist vorübergehend und bewegt sich im Rahmen der v. Gesetzgeber vorgesehenen Maximalfrist von einem Monat.

Schließlich setzt der erlaubnisfreie Erwerb und Besitz voraus, dass er zu einem von seinem Bedürfnis umfassten Zweck erfolgt. Hier überlegt P, ob er sich eine baugleiche Sportwaffe kaufen soll. Er möchte diese im Rahmen des sportlichen Schießens auf ihre Eigenschaften prüfen und danach eine Entscheidung treffen. Der Erwerb erfolgt somit in unmittelbarem Zusammenhang mit seiner Aktivität als Sportschütze und ist daher zu einem von seinem Bedürfnis umfassten Zweck erfolgt.

P konnte die Waffe daher erlaubnisfrei erwerben und darf diese auch erlaubnisfrei besitzen.

Merke:

Die **wichtigsten situationsbezogenen Ausnahmen von der Erlaubnispflicht im Überblick:**

- § 12 WaffG (Erwerb, Besitz, Führen, Schießen)
- § 13 Abs. 3, 4, 6 WaffG (Erwerb, Führen durch Jäger)
- § 32 Abs. 3, 5 WaffG (Mitnahme)

Vorliegend führt er diese jedoch auch, wofür es grds. eines WS bedarf. Da P einen solchen nicht besitzt, stellt sich die Frage, ob vorliegend auch das Führen erlaubnisfrei gestellt ist. Dies könnte gem. § 12 Abs. 3 Nr. 2 WaffG der Fall sein.

Dazu müsste die Waffe zunächst nicht schussbereit sein. Da sich keine Munition in der Waffe befindet, ist diese nicht schussbereit gem. Anl. 1 Abschn. 2 Nr. 12 WaffG.

Darüber hinaus darf sie nicht zugriffsbereit sein. Dies ist nach Anl. 1 Abschn. 2 Nr. 13 HS 2 WaffG zumindest immer dann anzunehmen, wenn die Waffe in einem *ver*schlossenen Behältnis geführt wird (unwiderlegbare gesetzliche Vermutung). Ein *ver*schlossenes Behältnis zeichnet sich dadurch aus, dass es durch besondere Vorrichtungen gegen den unberechtigten Zugriff Dritter gesichert ist. Dies trifft auf den abgeschlossenen Waffenkoffer zu, weshalb die Waffe vorliegend als nicht zugriffsbereit einzustufen ist.

> **Merke:**
> Befindet sich die Waffe in einem verschlossenen Behältnis, so ist sie (unwiderlegbar vermutet) **nicht zugriffsbereit**. Befindet sich die Waffe nicht in einem verschlossenen Behältnis, so ist jeweils im Einzelfall zu prüfen, ob sie zugriffsbereit ist. Dies ist dann der Fall, soweit sie mit weniger als drei Handgriffen in weniger als drei Sekunden in Anschlag gebracht werden kann.

Weiterhin müsste der Transport zu einem von seinem Bedürfnis umfassten Zweck oder im Zusammenhang damit erfolgen. P ist hier als Sportschütze unmittelbar auf dem Weg zum Schützenverein, so dass auch diese tatbestandliche Voraussetzung erfüllt ist.

Er darf die Waffe daher erlaubnisfrei führen.

Dass P volljährig ist und daher nicht gegen das allg. Alterserfordernis aus § 2 Abs. 1 WaffG verstoßen hat, folgt bereits aus dem Umstand, dass er Inhaber einer waffenrechtlichen Erlaubnis (hier WBK) ist.[25]

Schließlich hat P lt. SV seinen BPA sowie einen Leihbeleg bei sich, weshalb auch kein Verstoß gegen die Ausweispflicht nach § 38 Abs. 1 S.1 Nr. 1, 1f WaffG vorliegt und eine Owi nach § 53 Abs. 1 Nr. 20 WaffG ausscheidet.[26]

---

[25] Waffenrechtliche Erlaubnisse werden nur Personen erteilt, welche das 18. Lebensjahr vollendet haben (vgl. § 4 Abs. 1 Nr. 1 WaffG).
[26] Weitere Ausweispflichten sieht der Gesetzgeber hier nicht vor. Insb. muss der P in dieser Fallkonstellation seine WBK nicht mit sich führen und auch einer Kopie der WBK des S auf dem Leihbeleg hätte es aus rechtlicher Sicht nicht bedurft. Aus dem Leihbeleg muss lediglich der Name des Überlassers, des Besitzberechtigten und das Datum der Überlassung hervorgehen. Diese Regelung ist wenig praxistauglich, da aus den nach dem Gesetz mitzuführenden Papieren weder die Berechtigung des Überlassers ersehen lässt und auch der Umstand, dass der Waffenführende Inhaber einer WBK ist, nicht nachvollzogen werden kann. Um alle Vorauss. des § 12 Abs. 1 Nr. 1a WaffG bereits im Rahmen der Kontrolle darlegen zu können, war P gut beraten, hier mehr Informationen dokumentieren zu können, als dies rechtlich vorgeschrieben war.

Fall 7 Ein Sportschütze mit Luftgewehr

Schwerpunkte: Erlaubnispflicht, erlaubnisfreier Erwerb und Besitz (§ 2 Abs. 4 iVm Anl. 2 Abschn. 2 UA 2 Nr. 1.1 WaffG), erlaubnisfreies Führen (§ 12 Abs. 3 Nr. 2 WaffG), Begriff „nicht zugriffsbereit" (Anl. 1 Abschn. 2 Nr. 13 WaffG).

Im Rahmen einer polizeilichen Kontrollstelle im grenznahen Raum wird ein PKW (Fiat 500) angehalten, in dem sich eine 21-jährige männliche Person (M) befindet.

Auf dem Rücksitz liegt ein Futteral, in dem sich eine Kaltgas-Langwaffe (Sportgewehr Marke Feinwerkbau, Modell C 60) befindet. Das Futteral ist mit einem Doppelreißverschluss versehen, von dem der eine defekt ist, weshalb es nur halb geschlossen ist. Die halb geöffnete Seite des Futterals zeigt nach hinten, also zur Rückenlehne der Rückbank. Der Schaft der Waffe liegt auf der Beifahrerseite, der Lauf zeigt in Richtung der Fahrerseite. Auf Nachfrage führt M die Waffe vor. Es befindet sich keine Munition in der Waffe. Zudem wird festgestellt, dass die Waffe mit einem „F im Fünfeck" gekennzeichnet ist.

M weist sich mit seinem BPA aus, waffenrechtliche Erlaubnisse vermag er nicht vorzulegen. Nach eigenen Angaben hat er weder eine WBK, noch einen WS oder eine sonstige waffenrechtliche Erlaubnis. Auf Nachfrage gibt er an, er komme gerade v. Trainingsschießen im Schützenverein X und sei auf dem Weg nach Hause. Diese Einlassung ist anhand des im BPA eingesehenen Wohnortes des M als schlüssig nachvollziehbar.

Frage: Hat M gegen Vorschriften des WaffG verstoßen?

Lösungsskizze

Vorüberlegung: In Betracht kommende Straftaten / Owi?

§ 52 Abs. 3 Nr. 2a WaffG (Vergehen), wenn die Kaltgaswaffe eine erlaubnispflichtige Waffe ist und M diese ohne die erforderliche Erlaubnis erworben, besessen oder geführt hat und zudem keine Ausnahme von der Erlaubnispflicht für den ausgeübten Umgang greift.

I. Anwendungsbereich WaffG, § 1 Abs. 1 WaffG

1. Liegt Waffe vor?
   - Schussw. iSd § 1 Abs. 2 Nr. 1 Alt. 1 iVm Anl. 1 Abschn. 1 UA 1 Nr. 1.1 WaffG (+) => Kaltgaswaffe ist Schussw.

2. Wird Umgang ausgeübt?
- Führen nach § 1 Abs. 3 iVm Anl. 1 Abschn. 2 Nr. 4 WaffG (+)
  - Ausübung der tats. Gewalt? (+)
    Def.: Tats. Gewalt setzt willensgetragene, jederzeit zu realisierende Herrschaftsmöglichkeit voraus
      Contra: Waffe liegt auf dem Rücksitz in teilweise geschlossenem Futteral => M kann nicht ungehindert auf sie einwirken
      Pro: Begriff der tats. Gewalt darf in zeitlicher wie auch in räumlicher Hinsicht nicht zu eng ausgelegt werden. Es reicht grds. Möglichkeit, nach eigenem Willen auf die Waffe einwirken zu können
  - Außerhalb der eigenen Wohnung, Geschäftsräume, des eigenen befriedeten Besitztums oder einer Schießstätte (+)
    Waffe liegt auf PKW-Rückbank, Transport im öff. Raum
    => Kaltgaswaffe wird geführt (Führen impliziert stets auch Erwerb und Besitz)

Ergebnis: Der Anwendungsbereich des WaffG ist eröffnet.

II. Einordnen der Waffe

1. Waffe verboten nach § 2 Abs. 3 iVm Anl. 2 Abschn. 1 WaffG? (-)
   - Kaltgaswaffe nicht in Anl. 2 Abschn. 1 WaffG genannt
2. Waffe erlaubnispflichtig nach § 2 Abs. 2 iVm Anl. 2 Abschn. 2 UA 1 S. 1 WaffG? (+)
   - Nach § 2 Abs. 2 iVm Anl. 2 Abschn. 2 UA 1 S. 1 WaffG sind alle Schussw. sowie gleichgest. tragb. Gegenstände (ausgenommen Magazine) und die dafür bestimmte Munition grds. erlaubnispflichtig (ausgenommen das Überlassen)

Ergebnis: Die Kaltgaswaffe ist erlaubnispflichtig.

III. Prüfen erforderlicher Erlaubnisse bzw. von Ausnahmen von der Erlaubnispflicht, wenn keine Erlaubnis vorgelegt werden kann

Ausgeübte Umgangsart[27]

1. Erwerb und Besitz
Erforderliche Erlaubnis (WBK) vorhanden? (-)
Ausnahmsweise erlaubnisfreier Erwerb und Besitz? (+)
- Hier: Gegenstandsbezogene Ausnahme nach § 2 Abs. 4 iVm Anl. 2 Abschn. 2 UA 2 Nr. 1.1 WaffG (+)
  - Druckluft-, Federdruckwaffe oder Waffe die zum Antrieb der Geschosse kalte Gase verwendet (+) => im SV als „Kaltgaswaffe" bezeichnet
  - Geschossen wird Energie von nicht mehr als 7,5 J erteilt und Waffe weist eine entsprechende Kennzeichnung auf (+) => Waffe trägt „F im Fünfeck"

---

[27] Soweit Umgangsarten bereits im Zuge der Prüfung des Anwendungsbereichs geprüft worden sind (meist wird dies auf das Führen zutreffen, das stets auch den Erwerb und Besitz impliziert), kann hier kurz auf diese verwiesen werden. Andernfalls sind weitere in Frage kommende Umgangsarten an dieser Stelle angemessen zu prüfen.

2. Führen
Erforderliche Erlaubnis (WS) vorhanden? (-)
Ausnahmsweise erlaubnisfreies Führen? (+)
- Hier: Gegenstandsbezogene Ausnahme nach Anl. 2 Abschn. 2 UA 2 WaffG nicht ersichtlich
- ABER: Personen- bzw. situationsbez. Ausnahme nach § 12 Abs. 3 Nr. 2 WaffG?
  o Waffe nicht schussbereit, Def. Anl. 1 Abschn. 2 Nr. 12 WaffG (+)
  => lt. SV keine Munition in der Waffe
  o Waffe nicht zugriffsbereit, Def. Anl. 1 Abschn. 2 Nr. 13 WaffG (+)
  Auf jeden Fall (unwiderlegbare gesetzliche Vermutung), wenn sie in verschlossenem Behältnis mitgeführt wird. Ein solches liegt vor, wenn Behältnis mit besonderer Vorrichtung gegen unberechtigten Zugriff gesichert ist[28]
  => Kaltgaswaffe befindet sich auf Rückbank in halb geöffnetem Futteral, es muss daher darauf abgestellt werden, ob die Waffe unmittelbar in Anschlag gebracht werden kann.[29] Dies ist der Fall, wenn sie mit weniger als drei Handgriffen in unter drei Sekunden in Anschlag gebracht werden kann[30]
  Pro: => Futteral halb geöffnet, weil Reißverschluss defekt
  Contra: => Futteral liegt auf Rückbank, halb geöffnete Seite zeigt nach hinten zur Rückbanklehne, Waffenschaft zeigt in Richtung Beifahrertür, kleines Auto mit engem Innenraum (Fiat 500), es handelt sich um eine Langwaffe, welche im Vergleich zu einer Kurzwaffe deutlich unhandlicher ist
  o Transport zu einem von seinem Bedürfnis umfassten Zweck?
  => Transport, also Beförderung von A nach B (+), M kommt v. Schützenverein und fährt nach Hause
  o Tbm „zu einem von seinem Bedürfnis umfassten Zweck" erforderlich? (-)
  Pro: Wortlaut der Vorschrift
  Contra: => Kaltgaswaffe darf erlaubnisfrei (und daher ohne Bedürfnisnachweis) erworben und besessen werden. Bedürfnis kann daher gar nicht festgestellt werden
  o ABER: Ist sichergestellt, dass am Ausgangs- wie auch am Zielpunkt des Transportes rechtm. Umgang mit der Waffe erfolgt?[31] (+)
  Umgang auf Schießstätte ist kein Führen, sondern lediglich Besitz (vgl. Def. des Führens in Anl. 1 Abschn. 2 Nr. 4 WaffG). => Besitz ist erlaubnisfrei (vgl. oben). Am Zielort (zu Hause) liegt wiederum ein erlaubnisfreier Besitz vor

Ergebnis: M durfte die Kaltgaswaffe vorliegend auch ohne Erlaubnis führen.

IV. Sonstige Erfordernisse

1. Alterserfordernis, § 2 Abs. 1 WaffG (Verstoß: Owi nach § 53 Abs. 1 Nr. 1 WaffG)
M ist 21 Jahre alt und verstößt daher nicht gegen § 2 Abs. 1 WaffG

---

28 *Gade*, § 42a WaffG Rn. 20 ff.
29 Vgl. dazu *Gade*, Basiswissen Waffenrecht S. 53 f.
30 Diese „Faustformel" lässt sich nicht unmittelbar aus dem Gesetz herleiten, ist aber zwischenzeitlich auch in die Verwaltungsvorschrift zum WaffG übernommen worden (WaffVwV Anl. 1 Abschn. 2 Nr.12 und 13) und ist gemeinhin anerkannt.
31 Dies lässt sich nicht unmittelbar aus dem Wortlaut der Norm herleiten, muss aber als Voraussetzung für ein erlaubnisfreies Führen nach § 12 Abs. 3 Nr. 2 WaffG geprüft werden – vgl. *Gade*, § 12 WaffG Rn. 73.

2. Ausweispflichten, § 38 Abs. 1 WaffG (Verstoß: Owi nach § 53 Abs. 1 Nr. 20 WaffG)
M führt seinen BPA mit sich und verstößt daher nicht gegen § 38 Abs. 1 Nr. 1 WaffG

IV. Endergebnis

M hat vorliegend nicht gegen Vorschriften des WaffG verstoßen.

Ausformulierte Lösung

M könnte sich gem. § 52 Abs. 3 Nr. 2a WaffG (Vergehen) strafbar gemacht haben wegen des Erwerbs, Besitzes oder Führens einer erlaubnispflichtigen Schussw. ohne die hierfür erforderliche Erlaubnis.

Zunächst müsste der Anwendungsbereich des WaffG eröffnet sein, was der Fall ist, wenn Umgang mit einer Waffe oder Munition geübt worden ist, vgl. § 1 Abs. 1 WaffG.

Bei dem Kaltgas-Sportgewehr handelt es sich um eine Schussw. gem. § 1 Abs. 2 Nr. 1 Alt. 1 iVm Anl. 1 Abschn. 1 UA 1 Nr. 1.1 WaffG.

Mit dieser müsste M Umgang geübt haben. In Betracht kommt hier ein Führen gem. § 1 Abs. 3 iVm Anl. 1 Abschn. 2 Nr. 4 WaffG.

Es führt eine Waffe, wer die tats. Gewalt darüber außerhalb der eigenen Wohnung, Geschäftsräume, des eigenen befriedeten Besitztums oder einer Schießstätte ausübt. Vorliegend befindet sich die Schussw. auf dem Autorücksitz des M und damit außerhalb dieser Räume. Weiter müsste M die tats. Gewalt über die Waffe ausgeübt haben, was eine v. Willen getragene, jederzeit zu realisierende Herrschaftsmöglichkeit voraussetzt. Daran könnten hier Zweifel bestehen, da sich die Waffe in einem teilweise geschlossenen Futteral auf der Rückbank des PKW befindet und M daher nicht ungehindert auf sie einwirken kann. Allerdings darf der Begriff der tats. Gewalt in zeitlicher wie auch in räumlicher Hinsicht nicht zu eng ausgelegt werden. Vielmehr geht es um die grds. Möglichkeit, nach eigenem Willen auf die Waffe einwirken zu können. Diese Möglichkeit besteht auch dann, wenn der Zugriff nur mit zeitlicher Verzögerung oder erst nach einer räumlichen Annäherung erfolgen kann.[32]

---

[32] Dementsprechend verbleiben gemeinhin anerkannt auch Waffen, die in einer Wohnung eingeschlossen sind, in der tats. Gewalt des abwesenden Inhabers (vgl. WaffVwV Anl. 1 Abschn. 2 Nr. 2). Ebenso wird die tats. Gewalt nicht dadurch aufgehoben, dass eine Waffe nicht schuss- und nicht zugriffsbereit transportiert wird (vgl. *Gade*, Anl. 1 WaffG Rn. 168). Dies steht im Einklang mit der Rechtslage, wonach der nicht schuss- und nicht zugriffsbereite Transport einer Waffe explizit als „Führen" benannt ist, vgl. § 12 Abs. 3 Nr. 2 WaffG. Auch wenn diese Form des Transports bei Vorliegen weiterer tatbestandlicher Voraus. erlaubnisfrei gestellt ist, so ändert dies nichts daran, dass es sich um ein Führen handelt.

M übt daher die tats. Gewalt über die Waffe aus und will dies auch, er führt sie gem. § 1 Abs. 3 iVm Anl. 1 Abschn. 2 Nr. 4 WaffG.

Das WaffG ist somit anwendbar.

Die hier geführte Schussw. ist nicht in § 2 Abs. 3 iVm Anl. 2 Abschn. 1 WaffG aufgezählt und daher nicht verboten.

Zu prüfen ist, ob es sich um eine erlaubnispflichtige Waffe handelt. Nach § 2 Abs. 2 iVm Anl. 2 Abschn. 2 UA 1 S. 1 WaffG sind alle Schussw. sowie ihnen gleichgest. tragb. Gegenstände (ausgenommen Magazine) und die dafür bestimmte Munition im Umgang (ausgenommen das Überlassen) grds. erlaubnispflichtig, weshalb auch die hier in Rede stehende Schussw. einer generellen Erlaubnispflicht unterfällt.

Hier führt M die Schussw. Das Führen impliziert auch stets den Erwerb und Besitz. Erwerb und Besitz setzen eine WBK voraus, das Führen erfordert einen WS, vgl. § 10 WaffG.

M verfügt über keine WBK, weshalb eine Straftat nach § 52 Abs. 3 Nr. 2a WaffG in Betracht kommt.

Allerdings ist zu prüfen, ob ausnahmsweise ein Fall des erlaubnisfreien Erwerbs und Besitzes vorliegt. Dies könnte sich aus § 2 Abs. 4 iVm Anl. 2 Abschn. 2 UA 2 Nr. 1.1 WaffG ergeben (gegenstandsbezogene Ausnahme), wonach der Erwerb und Besitz von sog. Kaltgaswaffen erlaubnisfrei ist, soweit den Geschossen eine Energie von nicht mehr als 7,5 J erteilt wird und dies durch eine entsprechende Kennzeichnung („F im Fünfeck") dokumentiert ist. Lt. SV handelt es sich hier um eine Kaltgaswaffe. Diese ist zudem mit einem „F im Fünfeck" gekennzeichnet, so dass M sie gem. § 2 Abs. 4 iVm Anl. 2 Abschn. 2 UA 2 Nr. 1.1 WaffG erlaubnisfrei erwerben konnte und diese auch ohne WBK besitzen darf.

Merke:

Die wichtigsten gegenstandsbezogenen Ausnahmen von der Erlaubnispflicht im Überblick:

Anl. 1 Abschn. 2 UA 2 Nr. 1 WaffG (Erwerb und Besitz)

    1.1 Kaltgaswaffen „F im Fünfeck"

    1.3a SRS-Waffen mit „PTB im Kreis"

    1.8 Armbrüste

Anl. 1 Abschn. 2 UA 2 Nr. 3 WaffG (Führen)

    3.2 Armbrüste

> **Anl. 1 Abschn. 2 UA 2 Nr. 8 WaffG (Verbringen und Mitnahme aus Deutschland in Drittstaaten)**
>
> **8.1 Sämtliche Waffen**

Vorliegend führt M die Schussw. jedoch auch, wofür er prinzipiell einen WS braucht. Da M einen solchen nicht besitzt, ist zu prüfen, ob hier auch das Führen ausnahmsweise erlaubnisfrei gestellt ist. § 2 Abs. 4 iVm Anl. 2 Abschn. 2 UA 2 Nr. 3 WaffG kann eine Ausnahme von der Waffenscheinpflicht der in Rede stehenden Schussw. nicht entnommen werden.[33] Ein erlaubnisfreies Führen könnte sich hier jedoch aus § 12 Abs. 3 Nr. 2 WaffG ergeben (personen- bzw. situationsbezogene Ausnahme).

Dazu müsste die Waffe zunächst nicht schussbereit sein. Da sich keine Munition in der Waffe befindet, ist diese nicht schussbereit gem. Anl. 1 Abschn. 2 Nr. 12 WaffG.

Zudem dürfte die Waffe nicht zugriffsbereit sein. In jedem Fall wäre sie nicht zugriffsbereit, wenn sie in einem verschlossenen Behältnis geführt werden würde, vgl. Anl. 1 Abschn. 2 Nr. 13 HS 2 WaffG (unwiderlegbare gesetzliche Vermutung). Ein verschlossenes Behältnis zeichnet sich dadurch aus, dass es durch eine besondere Vorrichtung gegen den ungehinderten Zugriff Dritter gesichert ist (etwa abgeschlossener Koffer usw.). Lt. SV befindet sich die Waffe in einem Futteral, welches lediglich mit Reißverschlüssen geschlossen werden kann. Zudem ist hier nur einer von zwei Reißverschlüssen zugezogen, weshalb allenfalls ein teilweise geschlossenes und kein verschlossenes Behältnis vorliegt. Um die Frage nach der Zugriffsbereitschaft beantworten zu können, muss daher darauf abgestellt werden, ob die Waffe nach den konkreten Umständen des SV unmittelbar in Anschlag gebracht werden konnte, Anl. 1 Abschn. 2 Nr. 13 HS 1 WaffG. Dies soll zumindest dann der Fall sein, wenn die Waffe mit weniger als drei Handgriffen in weniger als drei Sekunden in Anschlag gebracht werden kann.[34] Dem SV ist zu entnehmen, dass sich die Waffe auf dem Rücksitz des Autos befindet, so dass ein direkter Zugriff auf die Waffe durch M schon hierdurch erschwert wird. Weiterhin befindet sich die Waffe in einem Futteral. Dieses ist zwar nur teilweise geschlossen, allerdings zeigt die offene Seite nach hinten in Richtung der Rückbanklehne. Hinzu kommt, dass der Waffenschaft auf der Beifahrerseite liegt, wodurch ein Zugriff weiter erschwert wird. Schließlich ist zu berücksichtigen, dass es sich hier um eine Langwaffe handelt, welche im Vergleich zu einer Kurzwaffe deutlich un-handlicher ist und von daher erheblich schwerer in Anschlag zu bringen ist. Da diese auf der Rückbank in einem zumindest teilweise geschlossenen Futteral transportiert

---

[33] Dieser Hinweis ist nicht zwingend. Ggf. kann für einen solchen Hinweis ein Pluspunkt vergeben werden.
[34] *Gade*, Anl. 1 WaffG Rn. 193 ff.

wird, ist nicht zuletzt vor dem Hintergrund des beschränkten Innenraumes des PKW (Fiat 500) davon auszugehen, dass M sie vorne im PKW sitzend nicht mit weniger als drei Handgriffen in weniger als drei Sekunden in Anschlag hätte bringen können. Das Tbm „nicht zugriffsbereit" ist daher erfüllt.

Schließlich müsste der Transport nach dem Gesetzeswortlaut zu einem von seinem Bedürfnis umfassten Zweck erfolgen. Diese Formulierung ist allerdings nicht unproblematisch, da die hier in Rede stehende gekennzeichnete Kaltgaswaffe erlaubnisfrei erworben und besessen werden durfte. Ein Bedürfnis des M, welches für die Erteilung einer Erwerbs- und Besitzerlaubnis (WBK) hätte vorgewiesen werden müssen, konnte hier daher überhaupt nicht festgestellt werden. Ein Bedürfniszweckzusammenhang des Transports ist daher nicht erforder-lich.[35] Der Gesetzgeber wollte allerdings sicherstellen, dass nicht jedweder Transport erlaubnisfrei sein soll, soweit die Waffe nur nicht schuss- und nicht zugriffsbereit ist. Vielmehr muss sichergestellt sein, dass sowohl am Ausgangspunkt wie auch am Zielpunkt des Transportes ein rechtm. Umgang mit der Waffe erfolgt. Vorliegend kommt der M v. Schützenverein und fährt nach Hause. An beiden Orten besitzt er die Waffe, was er erlaubnisfrei darf, vgl. oben. Folglich durfte M die Schussw. in diesem konkreten Fall auch erlaubnisfrei führen.

Merke:

Das Tatbestandsmerkmal § 12 Abs. 3 Nr. 2 WaffG „Transport zu einem vom Bedürfnis umfassten Zweck oder im Zusammenhang damit" kann auf Waffen, die nach Anl. 2 Abschn. 2 UA 2 Nr. 1 WaffG erlaubnisfrei erworben und besessen werden können, nicht angewandt werden. Allerdings muss sowohl am Ausgangs- wie auch am Endpunkt des Transportes ein rechtmäßiger Umgang mit der Waffe geübt werden, damit ein erlaubnisfreier Transport nach § 12 Abs. 3 Nr. 2 WaffG in Betracht kommt.

Zu berücksichtigen ist weiterhin die allgemeine Voraussetzung der Volljährigkeit für den Umgang auch mit erlaubnisfreien Waffen (vgl.

---

35 Vgl. *Gade,* § 12 WaffG Rn. 73; aA. WaffVwV Nr. 12.3.1 - diese sieht vor, dass bei erlaubnisfrei zu erwerbenden und zu besitzenden Waffen ein Bedürfnis nach der Zweckbestimmung der Waffe nach Anl. 1 Abschn. 1 UA 1 Nr. 1.1 WaffG zu bestimmen sei (vgl. WaffVwV Nr. 12.3.1). Alle für Schusswaffen sowie gleichgest. tragb. Gegenstände vom Gesetzgeber in Betracht gezogenen Zweckbestimmungen (zum Angriff, zur Verteidigung, zur Signalgebung, zur Jagd, zur Distanzinjektion, zur Markierung, zum Sport oder zum Spiel) sollen hier gleichermaßen erfasst sein, weshalb diese Lesart das in § 12 Abs. 3 Nr. 2 WaffG festgeschriebene Tatbestandserfordernis „zu einem von seinem Bedürfnis umfassten Zweck oder im Zusammenhang damit" faktisch ins Leere laufen lässt. Die gesetzgeberische Intention, mit dem Erfordernis eines Bedürfniszweckzusammenhanges das erlaubnisfreie Führen auf bestimmte Transporte zu limitieren, wird hierbei außer Acht gelassen, weshalb dieser Auffassung nicht zu folgen ist.

§ 2 Abs. 1 WaffG). M ist 21 Jahre alt, weshalb auch dieses Erfordernis gegeben ist.

Schließlich hat der M lt. SV seinen BPA bei sich, weshalb auch kein Verstoß gegen die Ausweispflicht nach § 38 Abs. 1 S. 1 Nr. 1 WaffG vorliegt.[36]

Ein Verstoß gegen Vorschriften des WaffG ist insgesamt nicht ersichtlich.

---

[36] Der Hinweis auf § 38 WaffG ist nicht zwingend, aber im Sinne einer umfassenden Sachverhaltswürdigung empfehlenswert.

Fall 8 Ein Jäger auf dem Heimweg von der Jagd

Schwerpunkte: Erlaubnispflicht (§ 2 Abs. 2 iVm Anl. 2 Abschn. 2 UA 1 S. 1 WaffG), erlaubnisfreies Führen von Schusswaffen durch Jäger (§ 13 Abs. 6 WaffG).

Im Rahmen einer Verkehrskontrolle wird in den Abendstunden ein Pkw kontrolliert, in welchem sich eine männliche Person (J) befindet. Neben dem Beifahrersitz befindet sich im Fußraum eine Langwaffe (Büchse), welche nach oben herausragt. Bei der Überprüfung der Langwaffe wird im Patronenlager eine Patrone Kaliber 30.06 festgestellt. Weitere drei Patronen des gleichen Kalibers trägt J in seiner Jackentasche. Er gibt glaubhaft an, dass er gerade aus seinem Revier von der Jagd komme und sich auf dem Heimweg befinde. An Dokumenten kann J eine auf ihn ausgestellte WBK vorlegen, in welche die Büchse eingetragen ist und die auch zum Munitionserwerb für diese Munition berechtigt. Des Weiteren werden der BPA sowie ein gültiger Jahresjagdschein vorgelegt.

Frage: Hat J gegen Vorschriften des WaffG verstoßen?

Lösungsskizze

Vorüberlegung: In Betracht kommende Straftaten / Owi?

§ 52 Abs. 3 Nr. 2a WaffG (Vergehen), wenn die Büchse eine erlaubnispflichtige Waffe ist und J diese ohne die erforderliche Erlaubnis erworben, besessen oder geführt hat und zudem keine Ausnahme von der Erlaubnispflicht für den geübten Umgang greift.

§ 52 Abs. 3 Nr. 2b WaffG (Vergehen), wenn die Munition erlaubnispflichtig ist und J diese ohne die erforderliche Erlaubnis besessen hat und zudem keine Ausnahme von der Erlaubnispflicht für den geübten Umgang greift.

I. Anwendungsbereich WaffG, § 1 Abs. 1 WaffG

1. Liegt Waffe/Munition vor?
- Büchse: Schussw. iSd § 1 Abs. 2 Nr. 1 Alt. iVm Anl. 1 Abschn. 1 UA 1 Nr. 1.1 WaffG (+)
- Munition: Vorliegend handelt es sich um Hülsen mit Ladungen, die ein Geschoss enthalten => Patronenmunition iSd Anl. 1 Abschn. 1 UA 3 Nr. 1.1 WaffG

2. Wird Umgang ausgeübt?
- Munition+Schussw.: Besitz nach Anl. 1 Abschn. 2 Nr. 2 WaffG (+)
- Ausübung der tatsächlichen Gewalt? (+)
  Def.: Tats. Gewalt setzt willensgetragene, jederzeit zu realisierende Herrschaftsmöglichkeit voraus.
- Schussw.: Führen nach Anl. 1 Abschn. 2 Nr. 4 WaffG (+)
  o Ausübung der tatsächlichen Gewalt? (+)
  o außerhalb der eigenen Wohnung, Geschäftsräume, des eigenen befriedeten Besitztums oder einer Schießstätte (+)
    => Waffe liegt im Beifahrerraum des PKW, Transport im öff. Raum
    => die Büchse wird geführt (Führen impliziert stets Erwerb und Besitz)

Ergebnis: Der Anwendungsbereich des WaffG ist eröffnet.

II. Einordnen der Waffe und Munition

1. Waffe/Munition verboten nach § 2 Abs. 3 iVm Anl. 2 Abschn. 1 WaffG? (-)
   => aufgefundene Büchse und Munition nicht in Anl. 2 Abschn. 1 WaffG genannt

2. Waffe/Munition erlaubnispflichtig nach § 2 Abs. 2 iVm Anl. 2 Abschn. 2 UA 1 S. 1 WaffG (+)
   => nach Anl. 2 Abschn. 2 UA 1 S. 1 WaffG sind **alle** Schussw. sowie gleichgest. tragb. Gegenstände (ausgenommen Magazine) und die dafür bestimmte Munition grds. erlaubnispflichtig (ausgenommen das Überlassen) und somit auch die hier in Rede stehende Schussw. und Munition

III. Prüfen erforderlicher Erlaubnisse bzw. von Ausnahmen von der Erlaubnispflicht, wenn keine Erlaubnis vorgelegt werden kann

Ausgeübte Umgangsarten[37]

1. Erwerb und Besitz (Schussw. und Munition)
   - erforderliche Erlaubnis (WBK) vorhanden? (+)

2. Führen (Schussw.)
   - erforderliche Erlaubnis (WS) vorhanden? (-)
   - ausnahmsweise erlaubnisfreies Führen? (-)
     => situationsbezogene Ausnahme nach § 13 Abs. 6 WaffG? (-)
   - J Jäger iSd § 13 WaffG (+)
     => J hat einen gültigen Jahresjagdschein
   - Zusammenhang mit der befugten Jagdausübung, § 13 Abs. 6 S. 1 2. HS WaffG (+)
     => J ist unterwegs kommt gerade von der Jagd und fährt nach Hause
   - Waffe nicht schussbereit, Def. in Anl. 1 Abschn. 2 Nr. 12 WaffG (-)
     =>lt. SV befindet sich eine Patrone im Patronenlager
   - situationsbezogene Ausnahme nach § 12 Abs. 3 Nr. 2 WaffG? (-)

---

[37] Da die in Betracht kommenden Umgangsarten bereits im Zuge der Prüfung des Anwendungsbereichs geprüft worden sind (Erwerb, Besitz und Führen), kann hier kurz auf diese verwiesen werden.

Vorauss. liegen offenkundig nicht vor, da die Waffe vorliegend schuss- und zugriffsbereit

Ergebnis: J besitzt die Munition rechtmäßig, da er die erforderliche Erlaubnis (WBK) vorlegen kann. Die Büchse führt J ohne die erforderliche Erlaubnis. Da das Führens vorliegend auch nicht ausnahmsweise erlaubnisfrei ist gem. § 13 Abs. 6 bzw. § 12 Abs. 3 Nr. 2 WaffG, macht er sich strafbar nach § 52 Abs. 3 Nr. 2a WaffG.

IV. Sonstige Erfordernisse

2. Ausweispflichten, § 38 Abs. 1 WaffG (Verstoß: Owi nach § 53 Abs. 1 Nr. 20 WaffG) J führt BPA und WBK mit sich, verstößt daher nicht gegen § 38 Abs. 1 Nr. 1a WaffG

V. Endergebnis

J muss sich eine Straftat (Vergehen) nach § 52 Abs. 3 Nr. 2a WaffG zur Last legen lassen.

Ausformulierte Lösung

J könnte sich gem. § 52 Abs. 3 Nr. 2a WaffG (Vergehen) strafbar gemacht haben wegen des Erwerbs, Besitzes oder Führens einer erlaubnispflichtigen Schussw. Weiterhin kommt eine Straftat nach § 52 Abs. 3 Nr. 2b WaffG wegen des unerlaubten Besitzes erlaubnispflichtiger Munition in Betracht.

Zunächst müsste der Anwendungsbereich des WaffG eröffnet sein, was der Fall ist, wenn Umgang mit einer Waffe oder Munition ausgeübt worden ist, vgl. § 1 Abs. 1 WaffG.

Bei der Büchse handelt es sich um eine Schusswaffe iSd § 1 Abs. 2 Nr. 1 Alt. 1 iVm Anl. 1 Abschn. 1 UA 1 Nr. 1.1 WaffG, bei der Munition um Patronenmunition iSd § 1 Abs. 4 iVm Anl. 1 Abschn. 1 UA 3 Nr. 1.1 WaffG.

Mit diesen müsste J Umgang geübt haben.

Hinsichtlich der Munition kommt als Umgangsart der Besitz gem. § 1 Abs. 3 iVm Abschn. 2 Nr. 2 WaffG, bezüglich der Schusswaffe das Führen gem. § 1 Abs. 3 iVm Anl. 1 Abschn. 2 Nr. 4 WaffG in Betracht.

> **Merke:**
> **Die Umgangsart des Führens erfasst einzig Waffen.** Wird die tats. Gewalt über **Munition** im öff. Raum ausgeübt, **bleibt es** daher beim **Besitz.**

Es besitzt eine Waffe oder Munition, wer die tats. Gewalt darüber ausübt. Dies setzt eine v. Willen getragene, tatsächliche Herrschaftsmöglichkeit voraus. Vorliegend befinden sich einige Patronen in der Jackentasche des J, so dass er die tats. Gewalt über diese ausübt und diese daher besitzt.

Es führt eine Waffe, wer die tats. Gewalt außerhalb der eigenen Wohnung, Geschäftsräume, des eigenen befriedeten Besitztums oder einer Schießstätte über diese ausübt. Laut Sachverhalt befindet sich die Büchse im Beifahrerraum des Kfz und damit außerhalb dieser Räume. Auch über die Büchse übt J die tatsächliche Gewalt aus, so dass er diese über den Besitz hinaus auch führt.

Der Anwendungsbereich des WaffG ist daher sowohl hinsichtlich der Büchse, wie auch in Bezug auf die Munition eröffnet.

Weder die im Pkw aufgefundene Büchse, noch die Munition sind in § 2 Abs. 3 iVm Anl. 2 Abschn. 1 WaffG aufgezählt und daher nicht verboten.

Des Weiteren ist zu prüfen, ob es sich bei der Langwaffe und der Munition um eine erlaubnispflichtige Waffe bzw. Munition handelt. Nach § 2 Abs. 2 iVm Anl. 2 Abschn. 2 UA 1 S. 1 WaffG sind alle Schusswaffen sowie den Schusswaffen gleichgest. tragb. Gegenstände (ausgenommen Magazine) und die dafür bestimmte Munition im Umgang (ausgenommen das Überlassen) grds. erlaubnispflichtig, weshalb die vorliegend festgestellte Schusswaffe wie auch die Munition einer generellen Erlaubnispflicht unterfallen.

Der berechtigte Erwerb und Besitz wird durch eine WBK dokumentiert, § 10 Abs. 1 WaffG. J kann eine auf seinen Namen ausgestellte WBK vorlegen, in welche die Langwaffe auch eingetragen ist. Laut SV berechtigt diese WBK auch zum Besitz der aufgefundenen Munition.[38] Somit besitzt er die Waffe wie auch die Munition rechtmäßig, weshalb eine Strafbarkeit gem. § 52 Abs. 3 Nr. 2a WaffG hinsichtlich der Langwaffe und nach § 52 Abs. 3 Nr. 2b WaffG hinsichtlich der Munition ausscheidet.

Vorliegend führt J die Schusswaffe jedoch auch, wofür er prinzipiell einen WS benötigt, § 10 Abs. 4 WaffG. Da J einen solchen nicht besitzt, ist zu prüfen, ob das Führen im vorliegenden Fall ausnahmsweise erlaubnisfrei gestellt ist. Eine gegenstandsbezogene Ausnahme von der Erlaubnispflicht nach § 2 Abs. 4 iVm Anl. 2 Abschn. 2 UA 2 Nr. 3 WaffG ist hier nicht ersichtlich.[39] Ein erlaubnisfreies Führen könnte sich hier jedoch aus § 13 Abs. 6 WaffG ergeben. Nach dieser Vorschrift darf ein Jäger Jagdwaffen zur befugten Jagdausübung ohne Erlaubnis führen und mit ihnen schießen. Auch im Zusammenhang mit dieser Tätigkeit darf er die Jagdwaffen nicht schussbereit erlaubnisfrei führen. Fraglich ist, ob J Adressat dieser Norm ist. Auf § 13 Abs. 6 WaffG können sich nur solche Personen berufen, die Inhaber eines gültigen (deutschen) Jagdscheines

---

[38] Hinweis: Wäre die Munition vorliegend nicht in die WBK eingetragen, wäre der Besitz gleichwohl auch ohne Erlaubnis rechtmäßig, da § 13 Abs. 5 WaffG den Erwerb und Besitz von Jagdlangwaffenmunition für Jäger (Inhaber eines gültigen Tages- oder Jahresjagdscheines) erlaubnisfrei stellt.

[39] Dieser Hinweis ist nicht zwingend erforderlich ggf. kann hierfür ein Bonus-Punkt vergeben werden.

sind. J kann einen gültigen Jahresjagdschein vorweisen, welcher ein Jagdschein iSd § 15 Abs. 1 S. 1 BJagdG ist. Deshalb könnte J das Führen der Langwaffe auf § 13 Abs. 6 WaffG stützen, sofern er die dort genannten weiteren Voraussetzungen erfüllt. Voraussetzung für ein erlaubnisfreies Führen nach § 13 Abs. 6 WaffG wäre vorliegend zunächst, dass der Transport im Zusammenhang mit der befugten Jagdausübung steht. J kommt hier nachweislich von der Jagd und will nach Hause fahren, weshalb ein Zusammenhang des Waffenführens mit der befugten Jagdausübung gegeben ist.

Nach § 13 Abs. 6 S. 1 2. HS WaffG ist das Führen der Schusswaffe im Zusammenhang mit der befugten Jagdausübung erlaubnisfrei zulässig, soweit diese nicht schussbereit ist. Im Gegensatz zum Ausnahmetatbestand des § 12 Abs. 3 Nr. 2 WaffG ist es unschädlich, wenn die Schusswaffe zugriffsbereit ist.

Merke:

Im Zusammenhang mit der befugten Jagdausübung dürfen Jäger gem. § 13 Abs. 6 WaffG ihre Waffen **nicht schussbereit**, aber zugriffsbereit **erlaubnisfrei führen.**

Besteht der Zusammenhang mit der befugten Jagdausübung nicht, so kommt ein erlaubnisfreies Führen nach **§ 12 Abs. 3 Nr. 2 WaffG** in Betracht, aber **nur, soweit die Waffe nicht schussbereit und nicht zugriffsbereit ist.**

Der Begriff „schussbereit" ist in Anl. 1 Abschn. 2 Nr. 12 WaffG legaldefiniert. Demnach ist Schussbereitschaft gegeben, wenn die Waffe geladen ist, dh. dass sich Munition oder Geschosse in der Trommel, im in die Waffe eingefügten Magazin oder im Patronen- oder Geschosslager befindet, auch wenn sie nicht gespannt ist. Die Überprüfung der Langwaffe ergab, dass sich im Patronenlager eine Patrone befindet, sodass die Waffe als schussbereit zu bewerten ist. Aus diesem Grunde kann sich J nicht auf § 13 Abs. 6 WaffG für das Führen der Langwaffe stützen. Im Ergebnis ist festzustellen, dass J die Langwaffe ohne Erlaubnis führt, weil er nicht über den erforderlichen Waffenschein verfügt und der Ausnahmetatbestand des § 13 Abs. 6 WaffG nicht greift. Ein erlaubnisfreies Führen nach § 12 Abs. 3 Nr. 2 WaffG scheidet aus, da die Waffe vorliegend schuss- und zugriffsbereit ist.[40]

Dies stellt eine Straftat gem. § 52 Abs. 3 Nr. 2a WaffG dar.

Der Ausweispflicht gem. § 38 Abs. 1 S. 1, Nr. 1a WaffG kommt J durch die mitgeführten Dokumente nach, so dass hier keine Owi nach § 53 Abs. 1 Nr. 20 WaffG vorliegt.

---

[40] Dieser Hinweis ist nicht zwingend erforderlich, ggf. kann hierfür ein Bonus-Punkt vergeben werden.

Im Ergebnis muss J sich wegen des unerlaubten Führens einer Schusswaffe eine Straftat gem. § 52 Abs. 3 Nr. 2a WaffG (Vergehen) zur Last legen lassen.

Fall 9 Ein Jäger auf der Waffenbehörde zwecks Eintrags seiner Jagdwaffen

Schwerpunkte: Erlaubnispflicht (§ 2 Abs. 2 iVm Anl. 2 Abschn. 2 UA 1 S. 1 WaffG), erlaubnisfreier Erwerb von Langwaffen durch Jäger (§ 13 Abs. 3 WaffG), Erwerb und Besitz von Kurzwaffen durch Jäger (Voreintrag in WBK).

Jäger J erscheint am heutigen Tag bei seiner zuständigen Waffenbehörde. Er beantragt die erstmalige Erteilung einer WBK und begehrt neben dem Eintrag einer Büchse und einer Flinte (Langwaffen) den Eintrag einer Pistole Walther P 99. Er gibt gegenüber dem Sachbearbeiter an, dass er die zwei Langwaffen vor etwa zwei Monaten bei der Fa. Frankonia erworben habe. Das Überlassen der Langwaffen wurde von der Fa. Frankonia gem. § 37 Abs. 1 S. 1 Nr. 2 WaffG der zuständigen Behörde fristgerecht mitgeteilt. Die Pistole habe J vor einem Monat von seinem Jagdkollegen K erworben. Weder die Langwaffen noch die Pistole sind nach den Vorschriften des BJagdG verboten. Die einzutragenden Schussw. befinden sich zu Hause bei J und sind dort ordnungsgemäß aufbewahrt. J ist seit einem Jahr Inhaber eines für drei Jahre gültigen deutschen Jahresjagdscheines.

Frage: Haben J und K gegen Vorschriften des WaffG verstoßen?

Lösungsskizze

Vorüberlegung: In Betracht kommende Straftaten / Owi?

J:
§ 52 Abs. 3 Nr. 2a WaffG (Vergehen), sofern die Langwaffen ohne Erlaubnis erworben/besessen werden und zudem keine Ausnahme von der Erlaubnispflicht greift.
§ 53 Abs. 1 Nr. 7 WaffG (Owi), sofern nicht rechtzeitig die Erteilung einer WBK für die Langwaffen beantragt wurde.
§ 52 Abs. 1 Nr. 2b WaffG (Vergehen), sofern die Kurzwaffe unberechtigt erworben oder besessen wird und keine Ausnahme von der Erlaubnispflicht greift.

K:
§ 52 Abs. 3 Nr. 7 WaffG (Vergehen), sofern K die Kurzwaffe an J als Unberechtigten überlassen hat.
Owi gem. § 53 Abs. 1 Nr. 8 WaffG, wenn K das Überlassen der Kurzwaffe (entgegen § 37a S. 1 Nr. 1 WaffG) nicht innerhalb von zwei Wochen der zuständigen Waffenbehörde schriftlich angezeigt hat. Owi gem. § 53 Abs. 1 Nr. 19 WaffG, wenn K seine WBK nicht zeitgleich mit der Anzeige des Überlassens nach § 37a S. 1 Nr. 1 WaffG bei der zust. Beh. zur Berichtigung vorgelegt hat.

Fälle und Musterlösungen zum Waffenrecht

I. Anwendungsbereich WaffG, § 1 Abs. 1 WaffG

1. Liegt Waffe vor?
- Schussw. iSd § 1 Abs. 2 Nr. 1 Alt. 1 iVm Anl. 1 Abschn. 1 UA 1 Nr. 1.1 WaffG (+)

2. Wird Umgang ausgeübt?

J:
- Besitz nach § 1 Abs. 3 iVm Anl. 1 Abschn. 2 Nr. 2 WaffG (+)
  - Ausüben der tats. Gewalt (+)
    Def.: Tats. Gewalt setzt willensgetragene, jederzeit zu realisierende Herrschaftsmöglichkeit voraus => J hat die Waffen gekauft und zu Hause, er besitzt diese deshalb

K:
- Überlassen nach § 1 Abs. 3 iVm Anl. 1 Abschn. 2 Nr. 3 WaffG (+)
  - Tats. Gewalt darüber einem anderen einräumen (+)
    Def. tats. Gewalt.: siehe oben
    => Durch Verkauf und Übergabe wurde J die tats. Verfügungsgewalt eingeräumt, somit wurde überlassen.

Ergebnis: Der Anwendungsbereich des WaffG ist gegenüber J und K eröffnet.

II. Einordnen der Waffe

1. Waffe verboten nach § 2 Abs. 3 iVm Anl. 2 Abschn. 1 WaffG? (-)
- Gegenstände nicht in Anl. 2 Abschn. 1 WaffG genannt

2. Waffen erlaubnispflichtig nach § 2 Abs. 2 iVm Anl. 2 Abschn. 2 UA 1 S. 1 WaffG? (+)
- Nach Anl. 2 Abschn. 2 UA 1 S. 1 WaffG sind alle Schussw. sowie gleichgest. tragb. Gegenstände (ausgenommen Magazine) und die dafür bestimmte Munition grds. erlaubnispflichtig (ausgenommen das Überlassen), also auch die im SV genannten Schussw.

Ergebnis: Schusswaffen unterliegen der Erlaubnispflicht.

III. Prüfen erforderlicher Erlaubnisse bzw. von Ausnahmen von der Erlaubnispflicht, wenn keine Erlaubnis vorgelegt werden kann

Ausgeübte Umgangsarten[41]

1. Erwerb und Besitz durch J
a) Langwaffen:
Erforderliche Erlaubnis (WBK) vorhanden? (-) => Beantragt erst jetzt WBK
Ausnahmsweise erlaubnisfreier Erwerb und Besitz? (+)
- Personen- bzw. situationsbezog. Ausnahme nach § 12 Abs. 1 Nr. 1a WaffG? (-)
  Nicht anwendbar => J hat keine WBK, ebenso keine vorübergehende Ausleihe

---

41 Da die hier in Betracht kommende Umgangsart Besitz bereits im Zuge der Prüfung des Anwendungsbereichs geprüft wurde kann hier kurz auf diese verwiesen werden.

Fall 9 Ein Jäger auf der Waffenbehörde zwecks Eintrags seiner Jagdwaffen

Personen- bzw. situationsbezogene Ausnahme? (+)
- § 13 Abs. 3 S. 1 WaffG:
  J Inhaber eines gültigen Jahresjagdscheines
  Büchse/Flinte sind Langwaffen, der Erwerb ist auf Grund eines gültigen Jahresjagdscheines möglich, § 13 Abs. 3 S. 1 WaffG
  Problem: Nichtbeantragung einer WBK innerhalb von zwei Wochen (§ 13 Abs. 3 S. 2 WaffG)
  - J besitzt Langwaffen seit 1 Jahr, Straftat § 52 Abs. 3 Nr. 2a WaffG? (-)
    Erwerb ist Erlangung tatsächlicher Gewalt, gleichzeitig Beginn des anschließenden Besitzes. Der Besitz ist im WaffG nicht befristet. Der Erwerb setzt denknotwendigerweise anschließenden Besitz voraus, deshalb berechtigt § 13 Abs. 3 S. 1 WaffG auch zum unbegrenzten Besitz. Der Besitz ist deshalb nicht zu beanstanden. Argument: Owi nach § 53 Abs. 1 Nr. 7 WaffG zeigt, dass auch der Gesetzgeber nicht von einer Straftat ausgeht

Ergebnis: Langwaffen werden durch J rechtm. besessen, allerdings liegt Owi gem. § 53 Abs. 1 Nr. 7 WaffG wegen Nichtbeantragung einer WBK innerhalb von zwei Wochen vor

b) Kurzwaffe:
- Erforderliche Erlaubnis (WBK) vorhanden? (-) => Beantragt erst jetzt WBK

  Ausnahmsweise erlaubnisfreier Erwerb und Besitz? (-)
- § 13 Abs. 2 WaffG erkennt zwar Bedürfnis für zwei Kurzwaffen für Inhaber eines gültigen Jahresjagdscheines an, erlaubnisfreier Erwerb allerdings hierdurch nicht möglich. Eine WBK ist auch in diesen Fällen zwingend vorgeschrieben

Ergebnis: Straftat § 52 Abs. 1 Nr. 2b WaffG

2. Überlassen der Kurzwaffe durch K
Erforderliche Erlaubnis vorhanden? (-)

- Überlassen ist nicht erlaubnispflichtig gem. § 2 Abs. 2 iVm Anl. 2 Abschn. 2 UA 1 S. 1 WaffG

Ergebnis: Kein Verstoß durch K

IV. Sonstige Erfordernisse

- Verstoß gegen § 34 Abs. 1 S. 2 WaffG durch K? (+)
  - Waffen dürfen nur an Berechtigte überlassen werden
    Dies betrifft sämtliche Waffen iSd WaffG, auch die in Rede stehende Pistole
    K hat die Prüfpflicht, ob J Berechtigter ist. Er hätte sich die WBK zeigen lassen müssen. Da er selbst Jäger ist hätte er wissen können und müssen, dass ein Jahresjagdschein für den Erwerb nicht ausreicht, ebenso, dass kein Ausnahmetatbestand greift

Ergebnis: Straftat gem. § 52 Abs. 3 Nr. 7 WaffG

- Verstoß gegen § 37a S. 1 Nr. 1 WaffG durch K? (+)

K hat die Pflicht, binnen zwei Wochen das Überlassen der zust. Behörde schriftlich anzuzeigen und die erteilte WBK zur Berichtigung vorzulegen. Dies ist offensichtlich nicht geschehen

Ergebnis: Owi gem. § 53 Abs. 1 Nr. 8 WaffG

- Verstoß gegen § 37g Abs. 1 WaffG durch K? (+)
K hat die Pflicht, zeitgleich mit der Anzeige des Überlassens, seine WBK bei der zust. Behörde zur Berichtigung vorzulegen. Dies ist offensichtlich nicht geschehen

Ergebnis: Owi gem. § 53 Abs. 1 Nr. 19 WaffG

V. Endergebnis

J muss sich eine Straftat gem. § 52 Abs. 1 Nr. 2b WaffG sowie eine Owi gem. § 53 Abs. 1 Nr. 7 WaffG zur Last legen lassen. K muss sich eine Straftat nach § 52 Abs. 3 Nr. 7 WaffG sowie Owi gem. § 53 Abs. 1 Nr. 8, Nr. 19 WaffG zur Last legen lassen.

Ausformulierte Lösung

J könnte sich gem. § 52 Abs. 3 Nr. 2a WaffG (Vergehen) strafbar gemacht haben wegen des Erwerbs oder Besitzes der Langwaffen ohne die hierfür erforderliche Erlaubnis.

Weiter kommt eine Owi nach § 53 Abs. 1 Nr. 7 WaffG in Betracht, sofern nicht rechtzeitig die Erteilung einer WBK für die Langwaffen beantragt wurde. Schließlich steht eine weitere Straftat nach § 52 Abs. 1 Nr. 2b WaffG (Vergehen) im Raum wegen des Erwerbs und Besitzes der Kurzwaffe ohne die hierfür erforderliche Erlaubnis.

K könnte sich gem. § 52 Abs. 3 Nr. 7 WaffG (Vergehen) strafbar gemacht haben wegen des Überlassens der Kurzwaffe an J als Unberechtigten. Weiterhin kommen eine Owi gem. § 53 Abs. 1 Nr. 8, 19 WaffG in Betracht wenn K das Überlassen der Kurzwaffe nicht innerhalb von zwei Wochen der zuständigen Waffenbehörde schriftlich angezeigt und seine WBK nicht zeitgleich zur Berichtigung vorgelegt hat.

Zunächst müsste der Anwendungsbereich des WaffG eröffnet sein, was der Fall ist, wenn Umgang mit einer Waffe oder Munition ausgeübt worden ist, vgl. § 1 Abs. 1 WaffG.

Bei den beiden Langwaffen sowie der Kurzwaffe handelt es sich um Schussw. gem. § 1 Abs. 2 Nr. 1 Alt. 1 iVm Anl. 1 Abschn. 1 UA 1 Nr. 1.1 WaffG.

Weiter müsste J bzw. K Umgang mit einer Waffe ausgeübt haben.

Für J kommt hier der Besitz gem. § 1 Abs. 3 iVm Anl. 1 Abschn. 2 Nr. 2 WaffG in Betracht. Danach besitzt jemand eine Waffe, wenn er über diese die tats. Gewalt ausübt. Dies stellt eine willensgetragene, jederzeit zu realisierende Herrschaftsmöglichkeit voraus.

Daran könnten hier Zweifel bestehen, da J sich auf der Behörde befindet und die Waffen bei ihm zu Hause in einem Waffenschrank liegen. J kann demnach nicht ungehindert auf sie einwirken. Allerdings darf der Begriff der tats. Gewalt in zeitlicher wie auch in räumlicher Hinsicht nicht zu eng ausgelegt werden. Es geht vielmehr um die grds. Möglichkeit, nach eigenem Willen auf die Waffe einwirken zu können. Diese Möglichkeit besteht auch dann, wenn der Zugriff nur mit zeitlicher Verzögerung oder erst nach einer räumlichen Annäherung erfolgen kann. J bewahrt die Waffen zu Hause auf und es ist ihm dadurch möglich, jederzeit nach seinem Belieben auf diese zuzugreifen. Somit liegt Besitz vor.[42]

Für K kommt die Umgangsart Überlassen nach § 1 Abs. 3 WaffG iVm Anl. 1 Abschn. 2 Nr. 3 WaffG in Betracht. Demnach liegt ein Überlassen dann vor, wenn einem anderen die tats. Gewalt, d.h. die willensgetragene, jederzeit zu realisierende Herrschaftsmöglichkeit, eingeräumt wird. K hat die Pistole an J verkauft und durch die Übergabe diesem die tats. Gewalt eingeräumt und damit überlassen.

Der Anwendungsbereich des WaffG ist damit gegenüber J und K eröffnet.

Die hier in Rede stehenden Schussw. sind nicht in § 2 Abs. 3 iVm Anl. 2 Abschn. 1 WaffG aufgezählt und daher nicht verboten.

Nach § 2 Abs. 2 iVm Anl. 2 Abschn. 2 UA 1 S. 1 WaffG sind alle Schussw. sowie ihnen gleichgest. tragb. Gegenstände (ausgenommen Magazine) und die dafür bestimmte Munition im Umgang (ausgenommen das Überlassen) grds. erlaubnispflichtig, weshalb auch die hier in Rede stehenden zwei Langwaffen sowie die Pistole einer generellen Erlaubnispflicht unterfallen.

Erwerb und Besitz setzen eine WBK voraus, § 10 Abs. 1 WaffG. Vorliegend beantragt J die erstmalige Erteilung einer WBK und besitzt daher eine solche noch nicht, weshalb eine Straftat gem. § 52 Abs. 3 Nr. 2a WaffG bzw. § 52 Abs. 1 Nr. 2b WaffG im Raum steht.

Allerdings ist zu prüfen, ob ausnahmsweise ein Fall des erlaubnisfreien Erwerbs und Besitzes vorliegt.

Der Ausnahmetatbestand des § 12 Abs. 1 Nr. 1a WaffG ist für J nicht anwendbar. Er ist zum einen nicht Inhaber einer WBK und zum anderen ist in diesen Fällen lediglich die vorübergehende, höchstens einen Monat dauernde, Ausleihe

---

[42] Dementsprechend verbleiben gemeinhin anerkannt auch Waffen, die in einer Wohnung eingeschlossen sind, in der tats. Gewalt des abwesenden Inhabers (vgl. WaffVwV Anl. 1 Abschn. 2 Nr. 2).

abgedeckt. J aber besitzt die beiden Langwaffen bereits seit zwei Monaten und die Kurzwaffe seit einem Monat.[43]

Allerdings enthält § 13 WaffG für die Personengruppe der Jäger eigenständige Ausnahmetatbestände hinsichtlich des erlaubnisfreien Erwerbs von Jagdwaffen. § 13 Abs. 3 S. 1 WaffG gestattet Inhabern eines gültigen Jahresjagdscheines den erlaubnisfreien Erwerb von Langwaffen. J ist Inhaber eines gültigen Jahresjagdscheines und bei der Büchse bzw. Flinte handelt es sich um Langwaffen. Somit konnte J die beiden Langwaffen auf Grund seines gültigen Jahresjagdscheines gem. § 13 Abs. 3 S. 1 WaffG erlaubnisfrei erwerben.

> **Merke:**
>
> Nach § 13 Abs. 2 WaffG wird für Inhaber eines gültigen Jahresjagdscheins unwiderlegbar ein Bedürfnis für den Erwerb von (Jagd-) Langwaffen vermutet.

Problematisch könnte hier allerdings sein, dass J diese Langwaffen bereits seit zwei Monaten besitzt. § 13 Abs. 3 S. 2 WaffG schreibt für die Fälle des längerfristigen Besitzes vor, dass in derartigen Fällen die Ausstellung einer WBK binnen zwei Wochen durch J zu beantragen ist. Für den längerfristigen Besitz ist zusätzlich zum Jagdschein stets eine WBK erforderlich.

Fraglich ist allerdings, ob durch die Nichtbeantragung einer WBK innerhalb der Zweiwochenfrist der Besitz der beiden Langwaffen nunmehr unrechtmäßig ist und J eine Straftat nach § 52 Abs. 3 Nr. 2a WaffG verwirklicht.

Unter Erwerben einer Schussw. versteht man, wie bereits, erläutert die Erlangung der tats. Gewalt. Dieses Erlangen der tats. Gewalt ist gleichzeitig der Beginn des anschließenden Besitzes. Der Besitz ist im WaffG durch keinerlei Be-fristung begrenzt. Das Erlangen der tats. Gewalt in Form des Erwerbs setzt denknotwendigerweise den anschließenden Besitz voraus. Aus diesem Grunde berechtigt die gesetzliche Erlaubnis des § 13 Abs. 3 S. 1 WaffG zum Erwerb auch zum anschließenden unbegrenzten Besitz. Der Besitz der Langwaffen ist aus diesem Grunde rechtlich nicht zu beanstanden, obwohl J nicht rechtzeitig

---

[43] Zu berücksichtigen ist, dass § 13 Abs. 4 WaffG für den Erwerb und vorübergehenden Besitz gem. § 12 Abs. 1 Nr. 1 WaffG Jagdscheine iSd § 15 Abs. 1 S. 1 BJagdG (Tages- und Jahresjagdscheine) einer WBK gleichstellt. Für den J käme also als Jagdscheininhaber prinzipiell eine Anwendbarkeit des § 12 Abs. 1 Nr. 1a WaffG in Betracht, obwohl er über keine WBK verfügt.
Allerdings greift diese Gleichstellung einzig für den vorübergehenden Erwerb und Besitz von Jagdlangwaffen. Bezogen auf die Kurzwaffe scheidet eine Anwendbarkeit des § 12 Abs. 1 Nr. 1a WaffG daher von vornherein aus und auch für den Langwaffenerwerb kommt § 12 Abs. 1 Nr. 1a WaffG nicht in Betracht, weil J diese auf Dauer erworben hat.

die Erteilung einer WBK beantragt hat.[44] Der Besitz der beiden Langwaffen nach Fristablauf stellt deshalb lediglich eine Owi nach § 53 Abs. 1 Nr. 7 WaffG dar.[45] Dass auch der Gesetzgeber in diesen Fällen keine Strafbarkeit sieht, lässt sich allein schon aus diesem Ordnungswidrigkeitentatbestand ableiten, der andernfalls keinen Sinn ergäbe.

Im Ergebnis bleibt deshalb bei den Langwaffen festzuhalten, dass der Erwerb und längerfristige Besitz durch J auf Grund § 13 Abs. 3 S. 1 WaffG berechtigt ist. Die Nichtbeantragung der erforderlichen WBK innerhalb von zwei Wochen erfüllt den Tatbestand der Owi nach § 53 Abs. 1 Nr. 7 WaffG.

Fraglich ist aber, wie der Erwerb und Besitz der Pistole durch J zu beurteilen ist.

Inhabern eines gültigen Jahresjagdscheines wird zwar ein gesetzliches Bedürfnis für den Erwerb und Besitz von zwei Kurzwaffen ohne Bedürfnisprüfung anerkannt (§ 13 Abs. 2 WaffG). Ein erlaubnisfreier Erwerb einer Kurzwaffe durch den Ausnahmetatbestand des § 13 Abs. 3 S. 1 WaffG ist allerdings nicht möglich. Der Ausnahmetatbestand des § 13 Abs. 3 S. 1 WaffG beschränkt sich auf Langwaffen. Für den Erwerb und Besitz einer Kurzwaffe ist auch für Inhaber eines gültigen Jahresjagdscheines eine WBK zwingend vorgeschrieben. J hätte vor dem Erwerb und Besitz bei der Waffenbehörde die Erteilung einer WBK für die Pistole beantragen müssen. Diese hätte er auch auf Grund des gesetzlich anerkannten Bedürfnisses für zwei Kurzwaffen von der Waffenbehörde problemlos erteilt bekommen.

Deshalb bleibt festzustellen, dass J die Pistole ohne Erlaubnis erworben hat und nunmehr besitzt. Dieses Verhalten stellt eine Straftat gem. § 52 Abs. 1 Nr. 2b WaffG dar, da es sich bei der Pistole um eine halbautomatische Kurzwaffe zum Verschießen von Patronenmunition handelt.

K hat dem J die tats. Verfügungsgewalt über die Pistole eingeräumt und demnach im waffenrechtlichen Sinne gem. § 1 Abs. 3 iVm Anl. 1 Abschn. 2 Nr. 3 WaffG die Waffe überlassen. Das Überlassen einer Schussw. unterfällt jedoch nicht der Erlaubnispflicht des § 2 Abs. 2 iVm Anl. 2 Abschn. 2 UA 1 S. 1 WaffG.

Jedoch könnte K gegen die Verhaltensvorschrift des § 34 Abs. 1 S. 1 WaffG verstoßen haben. § 34 Abs. 1 S. 1 WaffG bestimmt, dass Waffen oder Munition nur an berechtigte Personen überlassen werden dürfen. Erfasst sind von dieser Norm sämtliche Waffen iSd WaffG und deshalb auch die J überlassene Pistole.

Diese Berechtigung muss nachgewiesen werden, sofern sie nicht offensichtlich ist (§ 34 Abs. 1 S. 2 WaffG). K hätte daher prüfen müssen, ob J berechtigt war,

---

44 Zu dieser Problematik *Steindorf/N. Heinrich,* § 13 WaffG Rn. 19, *Gade,* § 13 WaffG Rn. 26.
45 Vgl. BGH 4. Strafsenat, Beschl. v. 24.11.92 - 4 StR 539/92.

die erlaubnispflichtige Pistole zu erwerben. K hätte sich von J vor dem Überlassen die WBK zeigen lassen müssen, welche den Erwerb und Besitz der Pistole gestattet. K hätte auch - da er selber Jäger ist - erkennen können und müssen, dass ein gültiger Jahresjagdschein keine Berechtigung zum Erwerb und Besitz der Pistole darstellt. Ebenfalls hätte er erkennen können und müssen, dass auch andere Ausnahmetatbestände wie zB § 12 Abs. 1 Nr. 1a WaffG nicht zum Tragen kommen.

Durch diesen Pflichtverstoß hat K eine Straftat gem. § 52 Abs. 3 Nr. 7 WaffG begangen, da er eine erlaubnispflichtige Schussw. an einen Nichtberechtigten überlassen hat.

Weiterhin hätte K die Pflicht gehabt, binnen zwei Wochen das Überlassen der Pistole der zuständigen Waffenbehörde schriftlich anzuzeigen (§ 37a S. 1 Nr. 1 WaffG) und ihr, sofern ihm eine WBK erteilt worden war, diese zur Berichtigung vorzulegen (§ 37g Abs. 1 WaffG). Da die Behörde andernfalls v. Erwerb und Besitz der Pistole durch J Kenntnis gehabt hätte, ist K auch dieser Pflicht nicht nachgekommen. Der Verstoß gegen die Pflicht zur Überlassensanzeige stellt eine Owi gem. § 53 Abs. 1 Nr. 8 WaffG dar. Der Verstoß gegen die Vorlagepflicht wird gleichfalls als Owi gem. § 53 Abs. 1 Nr. 19 WaffG geahndet.

Insgesamt kann festgestellt werden, dass J eine Owi gem. § 53 Abs. 1 Nr. 7 WaffG sowie eine Straftat gem. § 52 Abs. 1 Nr. 2b WaffG begangen hat. K muss sich eine Straftat gem. § 52 Abs. 3 Nr. 7 WaffG sowie Owi gem. § 53 Abs. 1 Nr. 8, Nr. 19 WaffG zur Last legen lassen.

Fall 10 Das Paintball-Treffen

Schwerpunkte: Erlaubnispflicht, erlaubnisfreier Erwerb und Besitz (§ 2 Abs. 4 iVm Anl. 2 Abschn. 2 UA 2 Nr. 1.1 WaffG), erlaubnisfreies Führen (§ 12 Abs. 3 Nr. 2 WaffG, § 12 Abs. 3 Nr. 1 WaffG), erlaubnisfreies Schießen (§ 12 Abs. 4 Nr. 1a WaffG).

Der 28-jährige A verfügt über ein weitläufiges Grundstück, welches ringsum durch einen 2m hohen Bretterzaun eingefriedet und von Wiesen und Äckern umgeben ist. A ist begeisterter Paintball-Spieler und hat zum Wochenende 7 Kameraden eingeladen, um gemeinsam mit ihnen auf seinem Grundstück Paintball zu spielen.

Auf dem Weg zum A werden die 19 bis 26 Jahre alten Männer in ihrem Kleinbus von der Polizei angehalten und kontrolliert. Sie können sich jeweils mit ihrem BPA ausweisen, sonstige waffenrechtliche Erlaubnisse können sie nicht vorweisen. Ihre Paintballwaffen befinden sich jeweils in abgeschlossenen Waffenkoffern im Kofferraum. Das Vorführen der Waffen ergibt, dass sich keine Munition in ihnen befindet. Alle Waffen weisen eine Kennzeichnung („F im Fünfeck") auf. Zum Antrieb der Geschosse werden Kaltgasdruckkartuschen verwendet. Die jungen Männer geben glaubhaft an, gerade von zu Hause zu kommen und bei A mit dessen Einverständnis Paintball schießen zu wollen.

Frage: Verstößt die kontrollierte Personengruppe gegen Vorschriften des WaffG?

Lösungsskizze

Vorüberlegung: In Betracht kommende Straftaten / Owi?

§ 52 Abs. 3 Nr. 2a WaffG (Vergehen), wenn die Paintballwaffen erlaubnispflichtig sind und die jungen Männer diese ohne die erforderliche Erlaubnis erworben, besessen oder geführt haben und zudem keine Ausnahme von der Erlaubnispflicht für den geübten Umgang greift.

I. Anwendungsbereich WaffG, § 1 Abs. 1 WaffG

1. Liegt Waffe vor?
   - Schussw.   iSd   § 1 Abs. 2 Nr. 1 Alt. 1 iVm Anl. 1 Abschn. 1 UA 1 Nr. 1.1 WaffG (+)
     => Paintballwaffen sind Schussw.

2. Wird Umgang ausgeübt?
- Führen nach § 1 Abs. 3 iVm Anl. 1 Abschn. 2 Nr. 4 WaffG (+)
    o Ausübung der tats. Gewalt? (+)
    Def.: Tats. Gewalt setzt willensgetragene, jederzeit zu realisierende Herrschaftsmöglichkeit voraus
        Contra: Waffen liegen im Kofferraum in abgeschlossenen Waffenkoffern
        => Die Männer können nicht ungehindert auf sie einwirken
        Pro: Begriff der tats. Gewalt darf in zeitlicher wie auch in räumlicher Hinsicht nicht zu eng ausgelegt werden. Es reicht grds. Möglichkeit, nach eigenem Willen auf die Waffe einwirken zu können
    o Außerhalb der eigenen Wohnung, Geschäftsräume, des eigenen befriedeten Besitztums oder einer Schießstätte (+)
    => Waffenkoffer liegen im Kofferraum, Transport im öff. Raum
    => Paintball-Waffen werden geführt (Führen impliziert stets auch Erwerb und Besitz)

Ergebnis: Der Anwendungsbereich des WaffG ist eröffnet

II. Einordnen der Waffe

1. Waffe verboten nach § 2 Abs. 3 iVm Anl. 2 Abschn. 1 WaffG? (-)
- Paintballwaffen nicht in Anl. 2 Abschn. 1 WaffG genannt

2. Waffe erlaubnispflichtig nach § 2 Abs. 2 iVm Anl. 2 Abschn. 2 UA 1 S. 1 WaffG? (+)
- Nach Anl. 2 Abschn. 2 UA 1 S. 1 WaffG sind alle Schussw. sowie gleichgest. tragb. Gegenstände (ausgenommen Magazine) und die dafür bestimmte Munition grds. erlaubnispflichtig (ausgenommen das Überlassen)

Ergebnis: Die Paintballwaffen sind erlaubnispflichtig

III. Prüfen erforderlicher Erlaubnisse bzw. von Ausnahmen von der Erlaubnispflicht, wenn keine Erlaubnis vorgelegt werden kann

Ausgeübte Umgangsarten[46]

1. Erwerb und Besitz
Erforderliche Erlaubnis (WBK) vorhanden? (-)
Ausnahmsweise erlaubnisfreier Erwerb und Besitz? (+)
- Hier: Gegenstandsbezogene Ausnahme nach § 2 Abs. 4 iVm Anl. 2 Abschn. 2 UA 2 Nr. 1.1 WaffG (+)
    o Druckluft-, Federdruckwaffe oder Waffe die zum Antrieb der Geschosse kalte Gase verwendet (+)
        => im SV als „Kaltgaswaffe" bezeichnet
    o Geschossen wird Energie von nicht mehr als 7,5 J erteilt und Waffe weist eine entsprechende Kennzeichnung auf (+)
        => Waffe trägt „F im Fünfeck"

---

[46] Soweit Umgangsarten bereits im Zuge der Prüfung des Anwendungsbereichs geprüft worden sind (meist wird dies auf das Führen zutreffen, das stets auch den Erwerb und Besitz impliziert), kann hier kurz auf diese verwiesen werden. Andernfalls sind weitere in Frage kommende Umgangsarten an dieser Stelle angemessen zu prüfen.

2. Führen
Erforderliche Erlaubnis (WS) vorhanden? (-)
Ausnahmsweise erlaubnisfreies Führen? (+)
- Hier: Gegenstandsbezogene Ausnahme nach § 2 Abs. 4 iVm Anl. 2 Abschn. 2 UA 2 WaffG nicht ersichtlich
- ABER: Personen- bzw. situationsbez. Ausnahme nach § 12 Abs. 3 Nr. 2 WaffG? (+)
  o Waffe nicht schussbereit, Def. Anl. 1 Abschn. 2 Nr. 12 WaffG (+)
    => lt. SV keine Munition in der Waffe
  o Waffe nicht zugriffsbereit, Anl. 1 Abschn. 2 Nr. 13 WaffG (+)
    Auf jeden Fall (unwiderlegbare gesetzliche Vermutung), wenn sie in verschlossenem Behältnis mitgeführt wird. Ein solches liegt vor, wenn Behältnis mit besonderer Vorrichtung gegen unberechtigten Zugriff gesichert ist[47]
    => Waffen werden in abgeschlossenen Koffern transportiert
  o Transport zu einem von seinem Bedürfnis umfassten Zweck?
    Transport, also Beförderung von A nach B (+) => Die jungen Männer kommen v. zu Hause und fahren zu A
  o Tbm „zu einem von seinem Bedürfnis umfassten Zweck" erforderlich? (-)
    Pro: Wortlaut der Vorschrift
    Contra: Kaltgaswaffe darf erlaubnisfrei (und daher ohne Bedürfnisnachweis) erworben und besessen werden. Bedürfnis kann daher gar nicht festgestellt werden.
  o ABER: Ist sichergestellt, dass sowohl am Ausgangspunkt wie auch am Zielpunkt des Transportes ein rechtm. Umgang mit der Waffe erfolgt?[48] (+)
    => Die jungen Männer kommen gerade von zu Hause, wo sie die Waffen erlaubnisfrei besessen haben (vgl. oben)
    => Am Zielort (bei A auf dem Grundstück) liegt wiederum ein erlaubnispflichtiges Führen vor
    Zudem soll dort geschossen werden, was ebenfalls erlaubnispflichtig ist. Da die jungen Männer weder einen WS noch eine Schießerlaubnis vorlegen können, sind Ausnahmen von der Erlaubnispflicht zu prüfen:
- Führen: Ausnahme von der Erlaubnispflicht gem. § 12 Abs. 3 Nr. 1 WaffG? (+)
  o Führen mit Zustimmung eines anderen (+)
    => A hat die Kameraden eingeladen
  o auf dessen befriedetem Besitztum (+)
    => Paintballtreffen findet auf eingezäuntem Grundstück des A statt
  o Führen zu einem v. Bedürfnis umfassten Zweck
    (dieser Prüfungspunkt ist hier entbehrlich, vgl. oben)
- Schießen: Ausnahme von der Erlaubnispflicht gem. § 12 Abs. 4 Nr. 1a WaffG?
  o Zustimmung des Hausrechtsinhabers (+)
    => A hat die Kameraden zum Schießen eingeladen
  o auf befriedetem Besitztum (+)
    => Schießen findet auf eingezäuntem Grundstück des A statt
  o Schussw. erteilen Geschossen eine Energie von nicht mehr als 7,5 J (+)

---

47 Gade, § 42a WaffG Rn. 20 ff.
48 Dies lässt sich nicht unmittelbar aus dem Wortlaut der Norm herleiten, muss aber als Voraussetzung für ein erlaubnisfreies Führen nach § 12 Abs. 3 Nr. 2 WaffG geprüft werden, vgl. Gade, § 12 WaffG Rn. 73.

=> dies folgt allein schon aus der Kennzeichnung „F im Fünfeck"
- Geschosse können das Besitztum nicht verlassen (+)
  => Grundstück ist weitläufig und zudem mit 2 m hohen Holzzaun eingezäunt
  => Die Waffen dürfen auf dem Grundstück des A hier erlaubnisfrei geführt werden und es darf auch mit ihnen erlaubnisfrei geschossen werden, weshalb auch am Zielort ein ordnungsgemäßer Umgang vorliegt

Ergebnis: Die Personengruppe durfte die Paintballwaffen vorliegend auch ohne Erlaubnis führen

IV. Sonstige Erfordernisse

1. Alterserfordernis, § 2 Abs. 1 WaffG
Die Männer sind sämtlich älter als 18 Jahre, weshalb ein Verstoß gegen § 2 Abs. 1 WaffG nicht vorliegt.

2. Ausweispflichten, § 38 Abs. 1 WaffG
Die Männer führen jeweils BPA mit sich und verstoßen daher nicht gegen § 38 Abs. 1 S. 1 Nr. 1 WaffG.

IV. Endergebnis

Die Personengruppe hat nicht gegen Vorschriften des WaffG verstoßen.

Ausformulierte Lösung

Die Gruppe junger Männer könnte sich vorliegend gem. § 52 Abs. 3 Nr. 2a WaffG (Vergehen) strafbar gemacht haben wegen des Erwerbs, Besitzes oder Führens einer erlaubnispflichtigen Schussw. ohne die hierfür erforderliche Erlaubnis.

Zunächst müsste der Anwendungsbereich des WaffG eröffnet sein, was der Fall ist, wenn Umgang mit einer Waffe oder Munition geübt worden ist, vgl. § 1 Abs. 1 WaffG.

Bei den Paintballwaffen werden mittels kalter Treibgase Geschosse durch einen Lauf getrieben. Sie dienen dem Spiel und sind somit Schussw. iSd § 1 Abs. 2 Nr. 1 Alt. 1 iVm Anl. 1 Abschn. 1 UA 1 Nr. 1.1 WaffG.

Mit diesen müsste Umgang geübt worden sein. In Betracht kommt vorliegend ein Führen gem. § 1 Abs. 3 iVm Anl. 1 Abschn. 2 Nr. 4 WaffG. Es führt eine Waffe, wer die tats. Gewalt darüber außerhalb der eigenen Wohnung, Geschäftsräume, des eigenen befriedeten Besitztums oder einer Schießstätte ausübt.

Vorliegend befinden sich die Schussw. im Kofferraum des Kleinbusses im öff. Verkehrsraum und damit außerhalb dieser Räume.

Weiter müssten die jungen Männer die tats. Gewalt über die Waffen ausgeübt haben, was eine v. Willen getragene, jederzeit zu realisierende Herrschaftsmöglichkeit voraussetzt. Daran könnten hier Zweifel bestehen, da sich die Waffen während der Fahrt in abgeschlossenen Waffenkoffern im Kofferraum befinden und keiner der Männer ungehindert auf sie einwirken kann. Allerdings darf der Begriff der tats. Gewalt in zeitlicher wie auch in räumlicher Hinsicht nicht zu eng ausgelegt werden. Vielmehr geht es um die grds. Möglichkeit, nach eigenem Willen auf die Waffe einwirken zu können. Diese Möglichkeit besteht auch dann, wenn der Zugriff nur mit zeitlicher Verzögerung oder erst nach einer räumlichen Annäherung erfolgen kann.[49]

Die Männer üben daher die tats. Gewalt über die Paintballwaffen aus und wollen dies auch, mithin führen sie diese gem. § 1 Abs. 3 iVm Anl. 1 Abschn. 2 Nr. 4 WaffG.

Das WaffG ist somit anwendbar.

Die hier geführten Schussw. sind nicht in § 2 Abs. 3 iVm Anl. 2 Abschn. 1 WaffG aufgezählt und daher nicht verboten.

Zu prüfen ist, ob es sich um eine erlaubnispflichtige Waffe handelt. Nach § 2 Abs. 2 iVm Anl. 2 Abschn. 2 UA 1 S. 1 WaffG sind alle Schussw. sowie ihnen gleichgest. tragb. Gegenstände (ausgenommen Magazine) und die dafür bestimmte Munition im Umgang (ausgenommen das Überlassen) grds. erlaubnispflichtig, weshalb auch die hier in Rede stehenden Schussw. einer generellen Erlaubnispflicht unterfallen.

Vorliegend werden die Paintballwaffen geführt. Das Führen impliziert auch stets den Erwerb und Besitz. Erwerb und Besitz setzen eine WBK voraus, das Führen erfordert einen WS, vgl. § 10 WaffG.

Da lt. SV keiner der Männer hier eine WBK oder einen WS vorzulegen in der Lage ist, kommt eine Straftat nach § 52 Abs. 3 Nr. 2a WaffG in Betracht. Allerdings ist zu prüfen, ob vorliegend Ausnahmen von der Erlaubnispflicht greifen.

Hinsichtlich des Erwerbs und des Besitzes könnte sich eine Ausnahme von der Erlaubnispflicht aus § 2 Abs. 4 iVm Anl. 2 Abschn. 2 UA 2 Nr. 1.1 WaffG ergeben (gegenstandsbezogene Ausnahme), wonach der Erwerb und Besitz von

---

[49] Dementsprechend verbleiben gemeinhin anerkannt auch Waffen, die in einer Wohnung eingeschlossen sind, in der tats. Gewalt des abwesenden Inhabers (vgl. WaffVwV Anl. 1 Abschn. 2 Nr. 2). Ebenso wird die tats. Gewalt nicht dadurch aufgehoben, dass eine Waffe nicht schuss- und nicht zugriffsbereit transportiert wird (vgl. *Gade*, Anl. 1 WaffG Rn. 168). Dies steht im Einklang mit der Rechtslage, wonach der nicht schuss- und nicht zugriffsbereite Transport einer Waffe explizit als „Führen" benannt ist, vgl. § 12 Abs. 3 Nr. 2 WaffG. Auch wenn diese Form des Transports bei Vorliegen weiterer tatbestandlicher Voraus. erlaubnisfrei gestellt ist, so ändert dies nichts daran, dass es sich um ein Führen handelt.

sog. Kaltgaswaffen erlaubnisfrei ist, soweit den Geschossen eine Energie von nicht mehr als 7,5 J erteilt wird und dies durch eine entsprechende Kennzeichnung („F im Fünfeck") dokumentiert ist. Lt. SV handelt es sich hier um Waffen, bei welchen zum Antrieb der Geschosse Kaltgaskartuschen verwendet werden. Mithin handelt es sich bei den Paintballwaffen um Kaltgaswaffen. Diese sind zudem mit einem „F im Fünfeck" gekennzeichnet, so dass die jungen Männer sie gem. Anl. 2 Abschn. 2 UA 2 Nr. 1.1 WaffG erlaubnisfrei erwerben konnten und diese auch ohne WBK besitzen dürfen.

Vorliegend werden die Paintballwaffen jedoch auch geführt, wofür prinzipiell ein WS erforderlich ist. Da keiner der Männer einen WS besitzt, stellt sich die Frage, ob vorliegend auch das Führen erlaubnisfrei gestellt ist. § 2 Abs. 4 iVm Anl. 2 Abschn. 2 UA 2 Nr. 3 WaffG kann eine Ausnahme von der Waffenscheinpflicht der in Rede stehenden Kaltgaswaffen nicht entnommen werden.[50] Ein erlaubnisfreies Führen könnte sich hier jedoch aus § 12 Abs. 3 Nr. 2 WaffG ergeben (personen- bzw. situationsbezogene Ausnahme).

Dazu müsste die Waffe zunächst nicht schussbereit sein. Da sich lt. SV keine Munition in der Waffe befindet, ist diese nicht schussbereit gem. Anl. 1 Abschn. 2 Nr. 12 WaffG.

Weiter müsste sie nicht zugriffsbereit geführt werden. Dies ist nach Anl. 1 Abschn. 2 Nr. 13 HS 2 WaffG zumindest immer dann anzunehmen, wenn die Waffe in einem verschlossenen Behältnis geführt wird (unwiderlegbare gesetzliche Vermutung). Ein verschlossenes Behältnis zeichnet sich dadurch aus, dass es durch besondere Vorrichtungen gegen den unberechtigten Zugriff Dritter gesichert ist. Dies trifft auf die abgeschlossenen Waffenkoffer zu, weshalb die Waffen vorliegend als nicht zugriffsbereit einzustufen sind.

Für ein erlaubnisfreies Führen nach § 12 Abs. 3 Nr. 2 WaffG ist schließlich erforderlich, dass der Transport der Paintball-Waffe zu einem Zweck erfolgt, der v. Bedürfnis der jungen Männer umfasst ist. Diese Gesetzesformulierung ist nicht unproblematisch, da die hier in Rede stehenden, mit einem „F im Fünfeck" gekennzeichneten Kaltgaswaffen erlaubnisfrei erworben und besessen werden dürfen. Ein Bedürfnis der jungen Männer, welches für die Erteilung einer Erwerbs- und Besitzerlaubnis (WBK) hätte vorgewiesen werden müssen, kann hier daher gar nicht festgestellt werden. Ein Bedürfniszweckzusammenhang des Transports ist daher nicht erforderlich.[51] Der Gesetzgeber wollte allerdings sicherstellen, dass nicht jedweder Transport erlaubnisfrei sein soll, soweit die Waffe nur nicht schuss- und nicht zugriffsbereit ist. Vielmehr muss sicher-

---

50 Dieser Hinweis ist nicht zwingend. Ggf. kann für einen solchen Hinweis ein Pluspunkt vergeben werden.
51 Vgl. *Gade*, § 12 WaffG Rn. 73.

gestellt sein, dass sowohl am Ausgangspunkt wie auch am Zielpunkt des Transportes ein rechtm. Umgang mit der Waffe erfolgt. Vorliegend kommen die jungen Männer von zu Hause, wo sie die Waffen erlaubnisfrei besitzen durften. Sie sind unterwegs zu ihrem Freund A. Auf dessen Grundstück führen sie die Waffen wieder. Zudem soll dort mit den Paintballwaffen geschossen werden (vgl. Anl. 1 Abschn. 2 Nr. 7 WaffG). Da sie, wie bereits festgestellt wurde, über keinerlei waffenrechtliche Erlaubnisse verfügen, stellt sich die Frage, ob sie die Waffen auf dem Grundstück bei A ausnahmsweise ohne WS führen dürfen und ob sie dort auch ausnahmsweise erlaubnisfrei ohne Schießerlaubnis schießen dürfen.

Das Führen der Paintballwaffen auf dem Grundstück des A könnte nach § 12 Abs. 3 Nr. 1 WaffG erlaubnisfrei sein. Voraussetzung hierfür ist zunächst, dass das Führen mit Einverständnis des A stattfindet. Da der A seine Kameraden selbst eingeladen hat, trifft dies zu. Weiter müsste das Führen auf dessen befriedeten Besitztum erfolgen. Das Grundstück gehört dem A und ist daher sein Besitztum. Lt. SV ist das Grundstück eingezäunt und damit befriedetes Besitztum iSd Vorschrift. Schließlich müsste das Führen dem Gesetzeswortlaut nach zu einem v. Bedürfnis umfassten Zweck erfolgen. Wie bereits festgestellt, ist dieses Erfordernis bei erlaubnisfrei zu erwerbenden und besitzenden Waffen nicht zu prüfen, da ein Bedürfnis für diese gar nicht festgestellt werden kann, vgl. oben. Mithin sind die Vorauss. des § 12 Abs. 3 Nr. 1 WaffG auf dem Grundstück des A erfüllt, so dass die Personengruppe ihre Paintballwaffen am Zielort bei A erlaubnisfrei führen dürfen.

Es bleibt zu klären, ob auch das bei A beabsichtigte Schießen erlaubnisfrei erfolgen darf. Eine Ausnahme von der Erlaubnispflicht hinsichtlich des Schießens könnte sich aus § 12 Abs. 4 Nr. 1 WaffG ergeben. Dann müsste das Schießen mit Zustimmung des Hausrechtsinhabers und im befriedeten Besitztum stattfinden. Dies ist, wie bereits festgestellt, der Fall. Weiterhin müsste es sich bei den Paintballwaffen um Schussw. handeln, die den Geschossen eine Bewegungsenergie von nicht mehr als 7,5 J erteilen. Das Vorliegen auch dieser tatbestandlichen Voraussetzung ist durch die auf den Waffen vorhandene Kennzeichnung „F im Fünfeck" belegt. Schließlich muss sichergestellt sein, dass die Geschosse beim Schießen das Besitztum nicht verlassen können.

Das Grundstück des A wird als weitläufig beschrieben. Zudem ist es ringsum von einem 2m hohen Holzzaun umgeben. Durch diese bauliche Maßnahme werden die Geschosse am Verlassen des Grundstücks gehindert. Daher ist auch das Schießen bei A auf dem Grundstück erlaubnisfrei.

Da sowohl am Ausgangspunkt wie auch am Zielpunkt des Transportes ein ordnungsgemäßer Umgang mit den Paintballwaffen ausgeübt wird und auch die übrigen tatbestandlichen Vorauss. des § 12 Abs. 3 Nr. 2 WaffG bereits positiv geklärt worden sind, ist das Führen der Paintballwaffen im Zuge des Transports insgesamt erlaubnisfrei.

Lt. SV haben alle Personen das 18. Lebensjahr vollendet und führen ihre BPA mit sich, weshalb auch Verstöße gegen das Alterserfordernis (§ 2 Abs. 1 WaffG) sowie gegen Ausweispflichten (§ 38 Abs. 1 S. 1 Nr. 1 WaffG) ausscheiden.

Eine Strafbarkeit nach § 52 Abs. 3 Nr. 2a WaffG liegt daher nicht vor und auch sonstige Verstöße gegen waffenrechtliche Vorschriften sind nicht ersichtlich.

Teil III Grenzüberschreitender Verkehr mit Waffen und Munition

- Umgangsarten Verbringen und Mitnahme
- Konstellationen der erlaubnisfreien Mitnahme

Fall 11 Einladung eines französischen Jägers zur Treibjagd

Schwerpunkte: Erlaubnispflicht, erlaubnisfreie Mitnahme von Schussw. (§ 32 Abs. 3 Nr. 1 WaffG), erlaubnisfreier Erwerb und Besitz (§ 12 Abs. 1 Nr. 6 WaffG), erlaubnisfreies Führen (§ 12 Abs. 3 Nr. 2 WaffG), Ausweispflichten (§ 38 Abs. 1 S. 1 Nr. 1, 1e aa WaffG).

Im Grenzgebiet zu Frankreich wird eine männliche Person (F) auf der BAB 5 von der Bundespolizei kontrolliert. Bei der Kontrolle legt er einen gültigen und auf ihn ausgestellten französischen Reisepass vor. F gibt an, dass er in Frankreich in Straßburg lebt. Bei der Durchsuchung des Pkw werden im Kofferraum in einem nur mit einem Reißverschluss verschlossenen Gewehrfutteral zwei ungeladene Langwaffen festgestellt. Die Person kann Ihnen weiterhin einen von Frankreich auf seine Person ausgestellten Europäischen Feuerwaffenpass (EFP) vorlegen, in welchen die Schussw. durch die französische Behörde eingetragen wurden. Lt. Eintragung der französischen Behörde handelt es sich bei den Schussw. um solche der Kat. C. Sie stellen fest, dass es sich um Langwaffen iSd § 13 Abs. 1 Nr. 2 WaffG handelt, also um Schussw., deren Erwerb zum Zeitpunkt des Erwerbs nach dem BJagdG nicht verboten war. Weitere Eintragungen können Sie im EFP nicht feststellen. Ferner kann Ihnen die Person einen französischen Jagdschein sowie eine schriftliche Einladung zur Jagd für den übermorgigen Tag in Deutschland vorlegen. F gibt glaubhaft an, dass er die beiden Langwaffen zu diesem Zweck bei sich habe. F gibt weiter an, dass er am morgigen Tag einen deutschen Tagesjagdschein lösen wird.[52] Die Jagdmunition wird er am Tage der Jagd rechtmäßig vom Gastgeber erwerben.

Frage: Liegen Verstöße gegen des WaffG vor?

Lösungsskizze

Vorüberlegung: In Betracht kommende Straftaten / Owi?

§ 52 Abs. 1 Nr. 2d WaffG (Vergehen), wenn es sich bei den beiden Langwaffen um erlaubnispflichtige Waffen handelt und diese ohne erforderliche Erlaubnis nach Deutschland mitgenommen werden, ebenso möglicherweise § 52 Abs. 3 Nr. 2a WaffG (Vergehen), wenn diese ohne die erforderliche Erlaubnis geführt werden und zudem keine Ausnahme von der Erlaubnispflicht für die ausgeübten Umgangsarten greifen.

---

52 Zu den Jagdscheinen siehe *Gade,* § 13 WaffG Rn. 7 ff.

Fälle und Musterlösungen zum Waffenrecht

Ebenso möglicherweise eine Owi gem. § 53 Abs. 1 Nr. 20 WaffG, sofern ein Pass oder BPA, der EFP und zusätzlich ein Beleg für den Mitnahmegrund nicht mitgeführt wird.

I. Anwendungsbereich WaffG, § 1 Abs. 1 WaffG

1. Liegt Waffe vor?
   - Schussw. iSd § 1 Abs. 2 Nr. 1 Alt. 1 iVm Anl. 1 Abschn. 1 UA 1 Nr. 1.1 WaffG (+)
2. Wird Umgang ausgeübt?
   - Führen nach § 1 Abs. 3 iVm Anl. 1 Abschn. 2 Nr. 4 WaffG (+)
     o Ausübung der tats. Gewalt? (+)
     Def.: Tats. Gewalt setzt willensgetragene, jederzeit zu realisierende Herrschaftsmöglichkeit voraus
     Contra: Waffen im Kofferraum in einem unverschlossenen Gewehrfutteral => F kann nicht ungehindert auf sie einwirken
     Pro: Begriff der tats. Gewalt darf in zeitlicher wie auch in räumlicher Hinsicht nicht zu eng ausgelegt werden. Es reicht grds. Möglichkeit, nach eigenem Willen auf die Waffe einwirken zu können. Dies ist hier der Fall
     o Außerhalb der eigenen Wohnung, Geschäftsräume, des eigenen befriedeten Besitztums oder einer Schießstätte (+)
     Waffen liegen im Kofferraum, Transport auf der BAB 5 im öff. Raum
     => die beiden Langwaffen werden geführt (+) (Führen impliziert stets auch den Besitz)

Ergebnis: Der Anwendungsbereich des WaffG ist eröffnet

II. Einordnen der Waffe

1. Waffen verboten nach § 2 Abs. 3 iVm Anl. 2 Abschn. 1 WaffG? (-)
   - Die beiden Langwaffen sind nicht in Anl. 2 Abschn. 1 WaffG genannt
2. Waffe erlaubnispflichtig nach § 2 Abs. 2 iVm Anl. 2 Abschn. 2 UA 1 S. 1 WaffG? (+)
   - Nach Anl. 2 Abschn. 2 UA 1 S. 1 WaffG sind alle Schussw. sowie gleichgest. tragb. Gegenstände (ausgenommen Magazine) und die dafür bestimmte Munition grds. erlaubnispflichtig (ausgenommen das Überlassen) und somit auch die hier in Rede stehenden Langwaffen

Ergebnis: Langwaffen unterliegen der Erlaubnispflicht

III. Prüfen erforderlicher Erlaubnisse bzw. von Ausnahmen von der Erlaubnispflicht, wenn keine Erlaubnis vorgelegt werden kann

Ausgeübte Umgangsarten[53]

1. Mitnahme
Vor dem Besitz ist die Mitnahme abzuprüfen, da F über keine deutschen Erlaubnisse verfügt. Die berechtigte Mitnahme ermächtigt auch zum Besitz der mitgenommenen

---

[53] Da die hier ua in Betracht kommenden Umgangsarten Besitz sowie Führen bereits im Zuge der Prüfung des Anwendungsbereichs geprüft worden sind, kann hier kurz auf diese verwiesen werden. Die Umgangsart Mitnahme ist zu prüfen, da diese noch nicht beim Anwendungsbereich angesprochen wurde.

Fall 11 Einladung eines französischen Jägers zur Treibjagd

Waffen auf Grund § 12 Abs. 1 Nr. 6 WaffG, deshalb ist zuerst zu prüfen, ob eine berechtigte Mitnahme vorliegt
- Mitnahme nach § 1 Abs. 3 iVm Anl. 1 Abschn. 2 Nr. 6 WaffG? (+)
  - Waffe wird vorübergehend auf einer Reise mitgenommen und Besitz wird nicht aufgegeben?
    => Langwaffen hat F zur Jagd dabei, Besitz soll nicht aufgegeben werden (+)
  - Waffe wird zur Verwendung über die Grenze nach Deutschland transportiert:
    => Langwaffen werden zur Jagd verwendet, F kommt aus Frankreich mit diesen nach Deutschland (+)

    Ergebnis: Langwaffen werden im waffenrechtlichen Sinne mitgenommen (+)

Erforderliche Mitnahmeerlaubnis vorhanden? (-)
Es wird keine gesonderte Mitnahmeerlaubnis mitgeführt, ebenso befindet sich im EFP keine Genehmigung einer deutschen Behörde
Ausnahmsweise erlaubnisfreie Mitnahme?
- Personen- bzw. situationsbezogene Ausnahme nach § 32 Abs. 3 Nr. 1 WaffG? (+)
  - EFP, ausgestellt von Frankreich (Heimatstaat) (+)
  - Die mitgenommenen Schussw. sind in diesem eingetragen (+)
  - F ist Jäger (französischer Jagdschein) (+)
  - Anzahl sowie entsprechende Kat. der Langwaffen werden eingehalten (+)
  - Langwaffen iSd § 13 Abs. 1 Nr. 2 WaffG (+)
  - Waffen werden zum Zweck der Jagd mitgenommen und F kann den Grund der Mitnahme durch eine Einladung nachweisen (+)

Ergebnis: P nimmt Langwaffen berechtigt mit (+)

2. Erwerb und Besitz
Erforderliche Erlaubnis (WBK) vorhanden? (-)
=> F kann keine deutsche WBK vorlegen
Ausnahmsweise erlaubnisfreier Erwerb und Besitz? (+)

- Personen- bzw. situationsbez. Ausnahme nach § 12 Abs. 1 Nr. 6 WaffG (+)
  F nimmt Langwaffen wie geprüft berechtigt mit, der Besitz ist deshalb auf Grund § 12 Abs. 1 Nr. 6 WaffG zulässig (+)

3. Führen
Erforderliche Erlaubnis (WS) vorhanden? (-)
Ausnahmsweise erlaubnisfreies Führen? (+)
- Personen- bzw. situationsbez. Ausnahme nach § 12 Abs. 3 Nr. 2 WaffG?
  - Langwaffen nicht schussbereit, Def. Anl. 1 Abschn. 2 Nr. 12 WaffG (+)
    => lt. SV keine Munition in beiden Waffen
  - Waffe nicht zugriffsbereit, Anl. 1 Abschn. 2 Nr. 13 WaffG (+)
    Contra: Langwaffen befinden sich in einem unverschlossenen Gewehrfutteral
    Pro: Langwaffen werden im Kofferraum transportiert, kein direkter Zugriff möglich, erhebliche zeitliche Zäsur erforderlich
    => Langwaffen deshalb nicht zugriffsbereit
  - Transport sowie Bedürfnis für diesen gegeben (+)
    => Waffen werden von Frankreich zum Jagdort transportiert. Transport ist auch v. Bedürfnis der Jagd umfasst

=> Führen zulässig gem. § 12 Abs. 3 Nr. 2 WaffG (+)

Ergebnis: F hat vorliegend erlaubnisfrei mit den beiden Langwaffen umgehen dürfen

IV. Sonstige Erfordernisse

Ausweispflichten, § 38 WaffG (Owi nach § 53 Abs. 1 Nr. 20 WaffG)
F führt französischen RP mit, ebenso den EFP sowie einen Beleg für den Grund der Mitnahme, verstößt daher nicht gegen § 38 Abs. 1 S. 1 Nr. 1, 1e aa WaffG

V. Endergebnis

F muss sich keine Verstöße gegen das WaffG zur Last legen lassen.

Ausformulierte Lösung

F könnte sich gem. § 52 Abs. 1 Nr. 2d WaffG (Vergehen) strafbar gemacht haben wegen der Mitnahme der beiden Langwaffen ohne die erforderliche Erlaubnis. Weiterhin steht eine Straftat gem. § 52 Abs. 3 Nr. 2a WaffG (Vergehen) wegen des Führens einer erlaubnispflichtigen Schussw. ohne die hierfür erforderliche Erlaubnis im Raum. Darüberhinaus liegt möglicherweise eine Owi gem. § 53 Abs. 1 Nr. 20 WaffG vor, sofern der Pass oder Personalausweis sowie der EFP und ein Beleg, der den Grund der Mitnahme nachweist, nicht mitgeführt bzw. vorgelegt wird.

Zunächst müsste der Anwendungsbereich des WaffG eröffnet sein, was der Fall ist, wenn Umgang mit einer Waffe oder Munition ausgeübt worden ist, vgl. § 1 Abs. 1 WaffG.

Bei den beiden Langwaffen handelt es sich um Schussw. nach § 1 Abs. 2 Nr. 1 Alt. 1 iVm Anl. 1 Abschn. 1 UA 1 Nr. 1.1 WaffG.[54]

Mit diesen müsste der F Umgang ausgeübt haben. In Betracht kommt hier ein Führen gem. § 1 Abs. 3 iVm Anl. 1 Abschn. 2 Nr. 4 WaffG. Es führt eine Waffe, wer die tats. Gewalt darüber außerhalb der eigenen Wohnung, Geschäftsräume, des eigenen befriedeten Besitztums oder einer Schießstätte ausübt. F befindet sich auf der BAB 5 und damit außerhalb dieser Räume. Weiter müsste er die tats. Gewalt über die Waffe ausgeübt haben, was eine v. Willen getragene, jederzeit zu realisierende Herrschaftsmöglichkeit voraussetzt. Daran könnten hier Zweifel bestehen, da sich die Waffe in einem teilweise geschlossenen Futteral auf der Rückbank des PKW befindet und der F daher nicht ungehindert auf sie einwirken kann. Allerdings darf der Begriff der tats. Gewalt in zeitlicher

---

[54] Die Schusswaffeneigenschaft ist so unproblematisch, dass eine Erörterung der Begrifflichkeit (vgl. Legaldef. in Anl. 1 Abschn. 1 UA 1 Nr. 1.1 WaffG) entbehrlich ist.

wie auch in räumlicher Hinsicht nicht zu eng ausgelegt werden. Vielmehr geht es um die grds. Möglichkeit, nach eigenem Willen auf die Waffe einwirken zu können. Diese Möglichkeit besteht auch dann, wenn der Zugriff nur mit zeitlicher Verzögerung oder erst nach einer räumlichen Annäherung erfolgen kann.[55]

F übt daher die tats. Gewalt über die Waffe aus und will dies auch, er führt sie gem. § 1 Abs. 3 iVm Anl. 1 Abschn. 2 Nr. 4 WaffG.

Das WaffG ist somit anwendbar.

Die hier geführten Schussw. sind nicht in § 2 Abs. 3 iVm Anl. 2 Abschn. 1 WaffG aufgezählt und daher nicht verboten.

Zu prüfen ist weiter, ob es sich um eine erlaubnispflichtige Waffe handelt. Nach § 2 Abs. 2 iVm Anl. 2 Abschn. 2 UA 1 S. 1 WaffG sind alle Schussw. sowie ihnen gleichgest. tragb. Gegenstände (ausgenommen Magazine) und die dafür bestimmte Munition im Umgang (ausgenommen das Überlassen) grds. erlaubnispflichtig, weshalb auch die hier in Rede stehenden Schussw. einer generellen Erlaubnispflicht unterfällt.

Hier führt F die Schussw. Das Führen impliziert auch stets den Erwerb und Besitz. Erwerb und Besitz setzen eine WBK voraus, das Führen erfordert einen WS, § 10 WaffG.

Als weitere Umgangsart könnte vorliegend eine Mitnahme in Betracht kommen, da F die zwei Langwaffen lt. SV aus Frankreich über die Grenze nach Deutschland bringt.[56]

> **Merke:**
>
> Sobald ein Grenzübertritt mit einer Waffe/Munition erfolgt ist, liegt entweder ein Verbringen oder eine Mitnahme vor, welche als weitere Umgangsarten neben die gleichermaßen ausgeübten Umgangsarten Besitz und Führen treten.

---

[55] Dementsprechend verbleiben gemeinhin anerkannt auch Waffen, die in einer Wohnung eingeschlossen sind, in der tats. Gewalt des abwesenden Inhabers (vgl. WaffVwV Anl. 1 Abschn. 2 Nr. 2). Ebenso wird die tats. Gewalt nicht dadurch aufgehoben, dass eine Waffe nicht schuss- und nicht zugriffsbereit transportiert wird (vgl. *Gade*, Anl. 1 WaffG Rn. 168). Dies steht im Einklang mit der Rechtslage, wonach der nicht schuss- und nicht zugriffsbereite Transport einer Waffe explizit als „Führen" benannt ist, vgl. § 12 Abs. 3 Nr. 2 WaffG. Auch wenn diese Form des Transports bei Vorliegen weiterer tatbestandlicher Vorauss. erlaubnisfrei gestellt ist, so ändert dies nichts daran, dass es sich um ein Führen handelt.

[56] Die Mitnahme ist hier an dieser Stelle gutachtlich zu prüfen und v. Verbringen abzugrenzen. Dies ist deshalb wichtig, weil für die Mitnahme bzw. das Verbringen unterschiedliche Erlaubnisse vonnöten sind und auch unterschiedliche Ausnahmetatbestände in Betracht kommen können.

Nach § 1 Abs. 3 iVm Anl. 1 Abschn. 2 Nr. 6 WaffG nimmt eine Schussw. oder Munition mit, wer diese vorübergehend auf einer Reise ohne Aufgabe des Besitzes zur Verwendung über die Grenze in den, durch den oder aus dem Geltungsbereich des Gesetzes bringt.

Nach seinen glaubhaften Angaben ist F zur Jagd in Deutschland eingeladen und er nimmt die Langwaffen aus Frankreich nach Deutschland mit, weil er diese bei der Jagd verwenden will. Anhaltspunkte dafür, dass in Deutschland ein Besitzerwechsel stattfinden soll, sind auch nicht zu erkennen.

Folglich ist eine Mitnahme der beiden Langwaffen durch F zu bejahen.

> **Merke:**
>
> Eine **Mitnahme** liegt vor, wenn eine Waffe/Munition
>
> • über die Grenze,
>
> • **vorübergehend,**
>
> • **ohne Aufgabe des Besitzes** (auch der lediglich vorübergehende Besitzwechsel stellt eine zumindest vorübergehende Aufgabe dar und schließt daher eine Mitnahme aus),
>
> • **zur Verwendung**
>
> transportiert wird.
>
> In **allen anderen Konstellationen** liegt ein **Verbringen** vor (Transport über die Grenze auf Dauer angelegt und/oder mit Besitzaufgabe).

Die rechtm. Mitnahme setzt grds. eine Mitnahmeerlaubnis voraus.[57] F kann hier lediglich einen französischen EFP ausschließlich mit Eintragungen französischer Behörden und damit keine (von einer deutschen Behörde ausgestellte) Mitnahmeerlaubnis vorlegen, weshalb eine Strafbarkeit nach § 52 Abs. 1 Nr. 2d WaffG im Raum steht.

---

[57] Bei der Prüfung der erlaubnispflichtigen Umgangsarten und entsprechender Ausnahmen davon wird für gewöhnlich mit Erwerb und Besitz begonnen und anschließend das Führen geprüft. Soweit jedoch ein Grenzübertritt stattfindet, sollte von dieser Prüfungsreihenfolge abgewichen werden. In diesen Fällen sollte stets erst der Verbringens- bzw. Mitnahmevorgang geprüft werden. Dieser Aufbau ist zu empfehlen, da an die Rechtmäßigkeit des Verbringens/der Mitnahme Freistellungstatbestände für die weiteren Umgangsarten knüpfen.

> **Merke:**
> Die Erlaubnis zur Mitnahme nach und durch D nach § 32 Abs. 1 WaffG wird Personen, die ihren gewöhnlichen Aufenthalt in einem Mitgliedstaat haben, von der deutschen Waffenbehörde in Spalte 5 des (ausländischen) EFP eingetragen.

Zu prüfen ist jedoch, ob F die beiden Langwaffen ausnahmsweise erlaubnisfrei mitnehmen durfte. Eine solche Ausnahme könnte sich vorliegend aus § 32 Abs. 3 Nr. 1 WaffG ergeben.

Als erste Voraussetzung müsste F über einen auf ihn ausgestellten EFP verfügen, in welchem die mitgeführten Schussw. eingetragen sind. Der vorgelegte EFP wurde von seinem Heimatstaat (Frankreich) ausgestellt und auch die mitgeführten Schussw. sind eingetragen. Somit sind diese in § 32 Abs. 3 WaffG genannten Vorauss. erfüllt.

Weiter müsste es sich bei F gem. § 32 Abs. 3 Nr. 1 WaffG um einen Jäger handeln, was dieser durch Vorlage eines französischen Jagdscheines hinlänglich belegen kann.

> **Merke:**
> Der **Jägerbegriff in § 32 Abs. 3 WaffG erfasst auch Jäger nach ausländischem Recht** und ist weiter gefasst als § 13 WaffG, der nur Jäger iSd deutschen Rechts (Inhaber eines gültigen Tages- oder Jahresjagdscheins) erfasst.

Darüber hinaus müsste es sich bei den mitgeführten Schussw. um Langwaffen nach Anl. 1 Abschn. 3 der Kat. C WaffG handeln. Wie aus dem EFP ersichtlich ist, handelt es sich um Langwaffen der Kat. C, sodass auch diese Voraussetzung erfüllt ist.

Ebenso dürfen die mitgeführten Langwaffen nicht nach dem BJagdG in der zum Zeitpunkt der Mitnahme geltenden Fassung verboten sein (§ 32 Abs. 3 Nr. 1 WaffG iVm § 13 Abs. 1 Nr. 2 WaffG). Diese Voraussetzung ist lt. SV erfüllt.

Nicht zuletzt darf die v. Gesetz gewährte Anzahl von drei Langwaffen nicht überschritten werden. F führt lediglich zwei Langwaffen mit, weshalb dies der Fall ist.

Weiterhin muss die Mitnahme zum Zwecke der Jagd erfolgen, was durch die Einladung zur Jagd deutlich gemacht wird. Schließlich ist Voraussetzung für eine erlaubnisfreie Mitnahme, dass F den Grund der Mitnahme nachweisen kann. Dies geschieht durch die mitgeführte schriftliche Einladung.

Im Ergebnis kann daher festgestellt werden, dass F seine zwei Langwaffen erlaubnisfrei auf Grund § 32 Abs. 3 Nr. 1 WaffG nach Deutschland mitnehmen durfte und eine Straftat nach § 52 Abs. 1 Nr. 2d WaffG ausscheidet.

> **Merke:**
> Die Bundespolizei ist präventiv nach § 33 Abs. 3 S. 1 WaffG originär zuständig für die Überwachung des grenzüberschreitenden Verkehrs mit Waffen oder Munition. Verbringen und Mitnahme fällt daher in die Zuständigkeit der Bundespolizei (und auch des Zolls).
>
> Repressiv ist die Bundespolizei zuständig für Straftaten, die an die unerlaubte Mitnahme bzw. das unerlaubte Verbringen anknüpfen und Vergehenstatbestände darstellen, vgl. § 12 Abs. 1 Nr. 4 BPolG. Verbrechenstatbestände mit Grenzbezug sind an den Zoll abzugeben.

Weiterhin ist zu klären, ob der bereits oben festgestellte Umgang in Form des Führens und des Erwerbs und Besitzes rechtm. war. Erwerb und Besitz setzen eine WBK voraus, das Führen erfordert einen WS, § 10 WaffG.

Da F weder eine (deutsche) WBK, noch einen (deutschen) WS besitzt, kommt vorliegend eine Straftat nach § 52 Abs. 3 Nr. 2a WaffG in Betracht.

Allerdings ist zu prüfen, ob ausnahmsweise ein Fall des erlaubnisfreien Erwerbs und Besitzes vorliegt.

In Betracht kommt eine Ausnahme nach § 12 Abs. 1 Nr. 6 WaffG. Voraussetzung für den erlaubnisfreien Erwerb und Besitz ist hier, dass die Mitnahme gem. § 32 WaffG berechtigt erfolgt ist. Die Mitnahme konnte vorliegend gem. § 32 Abs. 3 Nr. 1 WaffG erlaubnisfrei erfolgen und war daher rechtm., weshalb die Vorauss. des § 12 Abs. 1 Nr. 6 WaffG vorliegen und F die Langwaffen auch erlaubnisfrei besitzen durfte.

Zu prüfen bleibt noch das Führen der Langwaffen. Da F keinen deutschen WS vorlegen kann, ist vorliegend erneut auf eine Ausnahme von der Erlaubnispflicht abzustellen. Ein erlaubnisfreies Führen durch Jagdscheininhaber nach § 13 Abs. 6 WaffG scheitert daran, dass der Freistellungstatbestand einen deutschen Jagdschein nach § 15 Abs. 1 S. 1 BJagdG voraussetzt, über den F nicht verfügt.[58]

> **Merke:**
> Nur Jäger nach deutschem Recht (Inhaber eines gültigen Tages- oder Jahresjagdscheins) sind Jäger iSd § 13 WaffG.

Ein erlaubnisfreies Führen könnte sich hier jedoch aus § 12 Abs. 3 Nr. 2 WaffG ergeben (personen- bzw. situationsbedingte Ausnahme).

---

[58] Der Hinweis auf § 13 Abs. 6 WaffG ist nicht zwingend. Ggf. kann für einen solchen Hinweis ein Pluspunkt vergeben werden.

Dazu müsste die Waffe zunächst nicht schussbereit sein. Da sich keine Munition in der Waffe befindet, ist diese nicht schussbereit gem. Anl. 1 Abschn. 2 Nr. 12 WaffG.

Zudem dürfte die Waffe nicht zugriffsbereit sein. In jedem Fall wäre sie nicht zugriffsbereit, wenn sie in einem *ver*schlossenen Behältnis geführt werden würde, vgl. Anl. 1 Abschn. 2 Nr. 13 HS 2 WaffG (unwiderlegbare gesetzliche Vermutung). Ein *ver*schlossenes Behältnis zeichnet sich dadurch aus, dass es durch eine besondere Vorrichtung gegen den ungehinderten Zugriff Dritter gesichert ist (etwa abgeschlossener Koffer usw.). Lt. SV befinden sich die Waffen in einem Futteral, welches lediglich mit einem Reißverschluss geschlossen ist, weshalb hier lediglich ein *ge*schlossenes und kein *ver*schlossenes Behältnis vorliegt. Um die Frage nach der Zugriffsbereitschaft beantworten zu können, muss daher darauf abgestellt werden, ob die Waffe nach den konkreten Umständen des SV unmittelbar in Anschlag gebracht werden konnte, vgl. Anl. 1 Abschn. 2 Nr. 13 HS 1 WaffG. Dies soll zumindest dann der Fall sein, wenn die Waffe mit weniger als drei Handgriffen in weniger als drei Sekunden in Anschlag gebracht werden kann.[59] Da Langwaffen wesentlich schwieriger in Anschlag zu bringen sind als Kurzwaffen, ist für diese ein etwas weiter gefasster Maßstab anzulegen als für Kurzwaffen.

Dem SV ist zu entnehmen, dass sich die Langwaffen im Kofferraum des Autos befinden, so dass ein direkter Zugriff auf die Waffe durch den F schon hierdurch erschwert wird. Weiterhin befinden sie sich in einem mit Reißverschluss geschlossenen Futteral. Der Zugriff durch F auf die Langwaffen könnte im zu beurteilenden SV nicht ohne eine erhebliche zeitliche Zäsur erfolgen. F müsste erst anhalten, aussteigen, den Kofferraum öffnen und zudem die Schussw. aus dem mit einem Reißverschluss verschlossenen Gewehrfutteral entnehmen. Die Langwaffen können deshalb nicht unmittelbar in Anschlag gebracht werden und sind damit nicht zugriffsbereit.

Schließlich müsste der Transport nach dem Gesetzeswortlaut zu einem von seinem Bedürfnis umfassten Zweck erfolgen.

Die Langwaffen werden hier von Frankreich aus zum Jagdausübungsort transportiert und damit von einem Ort zu einem anderen, so dass auch diese tatbestandliche Voraussetzung erfüllt ist.

Schließlich müsste dieser Transport v. Bedürfnis des F umfasst sein. Da F als Jäger zu einer Jagd eingeladen ist und dort der befugten Jagdausübung nachgehen will ist auch dies gegeben.

---

59 *Gade,* Anl. 1 WaffG Rn. 193 ff.

Insgesamt kann festgestellt werden, dass die kumulativen Vorauss. des § 12 Abs. 3 Nr. 2 WaffG von F erfüllt werden und F somit die beiden Schussw. erlaubnisfrei führen darf.

§ 38 Abs. 1 S. 1 Nr. 1 WaffG schreibt vor, dass beim Führen einer Schussw. der Pass oder BPA mitzuführen ist. Dieser Verpflichtung kommt F durch den französischen Reisepass nach. Weiter kommt er seiner Pflicht aus § 38 Abs. 2 WaffG nach und händigt die Dokumente den Polizeibeamten auf deren Verlangen hin aus.

Schließlich schreibt § 38 Abs. 1 S. 1 Nr. 1e aa WaffG vor, dass im Falle der Mitnahme einer Schussw. nach Anl. 1 Abschn. 3 Kat. A 1.2 bis C WaffG aus einem EU-Staat nach Deutschland der EFP mitzuführen ist. Erfolgt die Mitnahme, wie vorliegend, auf Grundlage von § 32 Abs. 3 WaffG, ist zusätzlich ein Beleg für den Grund der Mitnahme mitzuführen. Diesen Pflichten kommt F nach. Schließlich sind die Dokumente den kontrollierenden Polizeibeamten auf deren Verlangen hin auszuhändigen, was F lt. SV ordnungsgemäß getan hat. Eine Owi nach § 53 Abs. 1 Nr. 20 WaffG ist daher nicht gegeben.

Im Ergebnis kann festgestellt werden, dass F nicht gegen Vorschriften des WaffG verstoßen hat.

Fall 12 Eine Einladung zur Jagd aus den Niederlanden

Schwerpunkte: Erlaubnispflicht (§ 2 Abs. 2 iVm Anl. 2 Abschn. 1 UA 2 S. 1 WaffG), erlaubnisfreie Mitnahme nach § 32 Abs. 3 Nr. 1 WaffG, erlaubnisfreies Führen nach § 12 Abs. 3 Nr. 2 WaffG. Wechselwirkungen zwischen § 32 Abs. 3 WaffG und § 12 Abs. 3 Nr. 2 WaffG.

Im Grenzgebiet zu den Niederlanden wird der im Großraum Aachen wohnhafte, deutsche Jäger (J) auf der BAB 4 kontrolliert. Auf Nachfrage gibt J an, gerade auf dem Weg in die Niederlande zu sein, wo er von einem Bekannten zur Jagd am kommenden Tag in der Nähe des Ortes Trintelen eingeladen sei. Zu diesem Zwecke habe er zwei Waffen (eine Jagdlangwaffe [Büchse] sowie eine Kurzwaffe [Revolver]) bei sich. Diese befinden sich ungeladen jeweils in einem abgeschlossenen Waffenkoffer, welche auf der Rückbank des Fahrzeugs liegen.

An Dokumenten vermag der J neben seinem gültigen BPA einen gültigen deutschen Jahresjagdschein sowie eine auf seinen Namen ausgestellte grüne WBK vorzulegen, in welche neben anderen auch die festgestellten Waffen eingetragen sind. Weiterhin zeigt er einen EFP vor, in welchen die Waffen ebenfalls eingetragen sind. Schließlich legt er die schriftliche Einladung seines Bekannten zur morgen stattfindenden Jagd vor.

Munition hat der J nicht bei sich. Diese will er nach eigenen Angaben in den Niederlanden von seinem Bekannten erwerben.

Frage: Hat J gegen Vorschriften des WaffG verstoßen?

Lösungsskizze

Vorüberlegung: In Betracht kommende Straftaten / Owi?

§ 52 Abs. 3 Nr. 4a WaffG, soweit eine unerlaubte Mitnahme aus Deutschland in einen anderen Mitgliedstaat vorliegt und auch keine diesbzgl. Ausnahme von der Erlaubnispflicht vorliegt.

§ 52 Abs. 3 Nr. 2a WaffG (Vergehen), sofern die Waffen ohne Erlaubnis geführt werden und zudem keine Ausnahme von der Erlaubnispflicht greift.

I. Anwendungsbereich WaffG, § 1 Abs. 1 WaffG

1. Liegt Waffe/Munition vor?
   - Büchse: Schussw. iSd § 1 Abs. 2 Nr. 1 Alt. 1 iVm Anl. 1 Abschn. 1 Nr. 1.1 WaffG (+)
   - Revolver: Schussw. iSd § 1 Abs. 2 Nr. 1 Alt. 1 iVm Anl. 1 Abschn. 1 Nr. 1.1 WaffG (+)

2. Wird Umgang ausgeübt?
   - Führen nach § 1 Abs. 3 iVm Anl. 1 Abschn. 2 Nr. 4 WaffG (+)
      - Ausübung der tats. Gewalt? (+)
      Def.: Tats. Gewalt setzt willensgetragene, jederzeit zu realisierende Herrschaftsmöglichkeit voraus
      Contra: Waffen auf dem Rücksitz in abgeschlossenen Waffenkoffern => J kann nicht ungehindert auf sie einwirken
      Pro: Begriff der tats. Gewalt darf in zeitlicher wie auch in räumlicher Hinsicht nicht zu eng ausgelegt werden. => Es reicht grds. Möglichkeit, nach eigenem Willen auf die Waffe einwirken zu können
      - Außerhalb der eigenen Wohnung, Geschäftsräume, des eigenen befriedeten Besitztums oder einer Schießstätte (+)
      Waffen in abgeschlossenen Koffern auf PKW-Rückbank, Transport im öff. Raum
      => Sowohl die Büchse wie auch der Revolver werden geführt (Führen impliziert stets auch Erwerb und Besitz)

Ergebnis: Der Anwendungsbereich des WaffG ist eröffnet

II. Einordnen der Waffe

1. Waffen verboten nach § 2 Abs. 3 iVm Anl. 2 Abschn. 1 WaffG? (−)
   - Büchse nicht in Anl. 2 Abschn. 1 WaffG genannt
   - Revolver nicht in Anl. 2 Abschn. 1 WaffG genannt

2. Waffen erlaubnispflichtig nach § 2 Abs. 2 iVm Anl. 2 Abschn. 2 UA 1 S. 1 WaffG? (+)
   - Nach § 2 Abs. 2 iVm Anl. 2 Abschn. 2 UA 1 S. 1 WaffG sind alle Schussw. sowie gleichgest. tragb. Gegenstände (ausgenommen Magazine) und die dafür bestimmte Munition grds. erlaubnispflichtig (ausgenommen das Überlassen) => auch die hier in Rede stehenden Schussw.

Ergebnis: Sowohl die Büchse wie auch der Revolver unterliegen der Erlaubnispflicht

III. Prüfen erforderlicher Erlaubnisse bzw. von Ausnahmen von der Erlaubnispflicht, wenn keine Erlaubnis vorgelegt werden kann

Ausgeübte Umgangsarten[60]

1. Mitnahme

[60] Da die hier in Betracht kommenden Umgangsarten bereits im Zuge der Prüfung des Anwendungsbereichs geprüft worden sind (Erwerb, Besitz und Führen), kann hier kurz auf diese verwiesen werden.

- Mitnahme nach § 1 Abs. 3 iVm Anl. 1 Abschn. 2 Nr. 6 WaffG? (+)
  - Waffen werden vorübergehend auf einer Reise mitgenommen und Besitz wird nicht aufgegeben?
    => Sowohl die Büchse wie auch den Revolver hat J zum Zweck der Jagd dabei, Besitz soll nicht aufgegeben werden (+)
  - Waffen sollen zur Verwendung über die Grenze in die Niederlande transportiert werden:
    =>Waffen sollen in den Niederlanden zur Jagd verwendet werden (+)

Ergebnis: Waffen sollen im waffenrechtlichen Sinne mitgenommen werden (+)

- Erforderliche Mitnahmeerlaubnis vorhanden? (-)
  Es wird keine gesonderte Mitnahmeerlaubnis mitgeführt, ebenso befindet sich im EFP keine Genehmigung der deutschen Behörde
- Ausnahmsweise erlaubnisfreie Mitnahme?
- Büchse: Personen- bzw. situationsbezogene Ausnahme nach § 32 Abs. 3 Nr. 1 WaffG? (+)
  - EFP (+)
  - Die mitgenommenen Schussw. sind in diesem eingetragen (+)
  - J ist Jäger (gültiger deutscher Jagdschein) (+)
  - Anzahl sowie entsprechende Kat. der Langwaffen werden eingehalten (+)
  - Langwaffen iSd § 13 Abs. 1 Nr. 2 WaffG (+)
  - Waffen werden zum Zweck der Jagd mitgenommen und J kann den Grund der Mitnahme durch eine Einladung nachweisen (+)

Ergebnis: J möchte die Langwaffe berechtigt mitnehmen (+)

- Revolver: Personen- bzw. situationsbezogene Ausnahme nach § 32 Abs. 3 Nr. 1 WaffG? (-)
  - Langwaffe (-)
    => § 32 Abs. 3 Nr. 1 WaffG sieht Ausnahmen für Jäger allein für bis zu drei Langwaffen vor. Für Kurzwaffen ist keine Ausnahme von der Erlaubnispflicht vorgesehen.

Zwischenergebnis: J möchte den Revolver unberechtigt mitnehmen

Problem: Die unerlaubte Mitnahme aus D in einen anderen Mitgliedstaat ist zwar gem. § 52 Abs. 3 Nr. 4b WaffG strafbar, allerdings wurde der Revolver vorliegend im Versuchsstadium (vgl. § 22 StGB) der Tat (Grenze nach NL ist noch nicht überschritten) festgestellt. § 52 Abs. 3 Nr. 4b WaffG stellt einen Vergehenstatbestand (vgl. § 12 Abs. 2 StGB) dar. Der Versuch eines Vergehens ist nur strafbar, soweit das Gesetz dies ausdrücklich bestimmt (vgl. § 23 Abs. 1 StGB). Die versuchte unerlaubte Mitnahme aus D in einen anderen Mitgliedstaat ist auch nicht ausdrücklich unter Strafe gestellt, weshalb dem J unter diesem Gesichtspunkt im Moment der polizeilichen Kontrolle keine Straftat zur Last gelegt werden kann.

2. Erwerb und Besitz
Erforderliche Erlaubnis (WBK) vorhanden? (+)
=> J kann auf seinen Namen ausgestellte WBK vorlegen, in welche die Waffen eingetragen sind

3. Führen
Erforderliche Erlaubnis (WS) vorhanden? (-)
Ausnahmsweise erlaubnisfreies Führen? (-)
- Personen- bzw. situationsbez. Ausnahme nach § 13 Abs. 6 WaffG? (-)
  - J ist Jäger iSd § 13 WaffG (Inhaber eines gültigen deutschen Jagdscheins) (+)
  - Führen zumindest im Zusammenhang mit der befugten Jagdausübung (-)
    => Die Jagd findet lt. SV erst am kommenden Tag statt. Der notwendig konkrete Zusammenhang mit der befugten Jagdausübung ist daher nicht gegeben
- Personen- bzw. situationsbez. Ausnahme nach § 12 Abs. 3 Nr. 2 WaffG?
  - Waffen nicht schussbereit, Def. Anl. 1 Abschn. 2 Nr. 12 WaffG (+)
    => lt. SV keine Munition in beiden Waffen
  - Waffen nicht zugriffsbereit, Def. Anl. 1 Abschn. 2 Nr. 13 WaffG (+)
    Auf jeden Fall (unwiderlegbare gesetzliche Vermutung), wenn sie in verschlossenem Behältnis mitgeführt wird
    => Waffen werden in abgeschlossenem Koffer transportiert
  - Transport von A nach B (+)
    J kommt gerade von zu Hause und ist unterwegs zu seinem Bekannten in den Niederlanden
  - Transport zu einem v. Bedürfnis umfassten Zweck oder im Zusammenhang damit (+)
    => J ist Jäger und befindet sich gerade auf dem Weg zu einer Jagd

Zwischenergebnis: Die tatbestandlichen Voraussetzungen des § 12 Abs. 3 Nr. 2 WaffG scheinen vorzuliegen, was ein erlaubnisfreies Führen der Waffen zur Folge hätte.

- ABER: Ein erlaubnisfreies Führen nach § 12 Abs. 3 Nr. 2 WaffG kommt stets nur in Betracht, sofern zwei Orte des rechtmäßigen Umgangs mit der Waffe verbunden werden und der Waffentransport insgesamt nicht im Widerspruch zur Rechtsordnung steht.
  => Vorliegend befindet sich der J im Versuchsstadium einer Straftat. Auch wenn der Versuch der unerlaubten Mitnahme nicht unter Strafe gestellt ist, so steht er doch im Widerspruch zur Rechtsordnung. Bei ungehindertem Fortgang wird der Waffentransport hinsichtlich des Revolvers zwingend den Straftatbestand des § 52 Abs. 3 Nr. 4b WaffG verwirklichen.
  Ein erlaubnisfreies Führen zumindest des Revolvers scheidet daher aus.

Ergebnis: J muss sich das unerlaubte Führen des Revolvers und daher eine Straftat gem. § 52 Abs. 3 Nr. 2a WaffG zur Last legen lassen.

IV. Sonstige Erfordernisse

Ausweispflichten, § 38 WaffG (Verstoß: Owi nach § 53 Abs. 1 Nr. 20 WaffG)
J führt gültigen BPA mit, ebenso eine WBK, den EFP sowie einen Beleg für den Grund der Mitnahme. Er verstößt daher nicht gegen § 38 Abs. 1 S. 1 Nr. 1, 1e cc WaffG.

V. Endergebnis

J muss sich eine Straftat (Vergehen) nach § 2 Abs. 3 Nr. 2a WaffG zur Last legen lassen.

Ausformulierte Lösung

J könnte sich gem. § 52 Abs. 3 Nr. 4b WaffG (Vergehen) strafbar gemacht haben wegen der Mitnahme der beiden Waffen ohne die erforderliche Erlaubnis. Weiterhin steht eine Straftat gem. § 52 Abs. 3 Nr. 2a WaffG (Vergehen) wegen des Führens einer erlaubnispflichtigen Schussw. ohne die hierfür erforderliche Erlaubnis im Raum. Darüber hinaus liegt möglicherweise eine Owi gem. § 53 Abs. 1 Nr. 20 WaffG vor, sofern der Pass oder Personalausweis sowie der EFP und ein Beleg, der den Grund der Mitnahme nachweist, nicht mitgeführt bzw. vorgelegt wird.

Zunächst müsste der Anwendungsbereich des WaffG eröffnet sein, was der Fall ist, wenn Umgang mit einer Waffe oder Munition ausgeübt worden ist, vgl. § 1 Abs. 1 WaffG.

Bei beiden vorgefundenen Waffen handelt es sich um Schusswaffen iSd § 1 Abs. 2 Nr. 1 Alt. 1 iVm Anl. 1 Abschn. 1 Nr. 1.1 WaffG.[61]

Mit diesen müsste J Umgang geübt haben.

Hier kommt als Umgangsart das Führen gem. § 1 Abs. 3 iVm Anl. 1 Abschn. 2 Nr. 4 WaffG in Betracht.

Es führt eine Waffe, wer die tats. Gewalt außerhalb der eigenen Wohnung, Geschäftsräume, des eigenen befriedeten Besitztums oder einer Schießstätte über diese ausübt. Laut Sachverhalt befinden sich die Schusswaffen im Kfz im öffentlichen Verkehrsraum und damit außerhalb dieser Räume.

Weiter müsste J die tatsächliche Gewalt über die Waffen ausgeübt haben, was eine vom Willen getragene, jederzeit zu realisierende Herrschaftsmöglichkeit voraussetzt. Daran könnten hier Zweifel bestehen, da die Waffen im Kfz sich jeweils in abgeschlossenen Waffenkoffern befinden und der J daher nicht ungehindert auf sie einwirken kann. Allerdings darf der Begriff der tats. Gewalt in zeitlicher wie auch in räumlicher Hinsicht nicht zu eng ausgelegt werden. Vielmehr geht es um die grundsätzliche Möglichkeit, nach eigenem Willen auf die Waffe einwirken zu können. Diese Möglichkeit besteht auch dann, wenn der Zugriff nur mit zeitlicher Verzögerung oder erst nach einer räumlichen Annäherung erfolgen kann.[62]

---

[61] Die Schusswaffeneigenschaft ist so unproblematisch, dass eine Erörterung der Begrifflichkeit (vgl. Legaldef. in Anl. 1 Abschn. 1 UA 1 Nr. 1.1 WaffG) entbehrlich ist.

[62] Dementsprechend verbleiben gemeinhin anerkannt auch Waffen, die in einer Wohnung eingeschlossen sind, in der tatsächlichen Gewalt des abwesenden Inhabers (vgl. WaffVwV Anl.I-A2-2). Ebenso wird die tatsächliche Gewalt nicht dadurch aufgehoben, dass eine Waffe nicht schuss- und nicht zugriffsbereit transportiert wird (vgl. *Gade*, Anl. 1 WaffG Rn. 168). Dies steht im Einklang mit der Rechtslage, wonach der nicht schuss- und nicht zugriffsbereite Transport einer Waffe explizit als „Führen" benannt ist,

J übt daher die tatsächliche Gewalt über die Waffen aus und will dies auch, er führt sie gem. § 1 Abs. 3 iVm Anl. 1 Abschn. 2 Nr. 4 WaffG.

Das WaffG ist somit anwendbar.

Die hier geführten Schusswaffen sind nicht in § 2 Abs. 3 iVm Anl. 2 Abschn. 1 WaffG aufgezählt und daher nicht verboten.

Zu prüfen ist weiter, ob es sich um erlaubnispflichtige Waffen handelt. Nach § 2 Abs. 2 iVm Anl. 2 Abschn. 2 UA 1 S. 1 WaffG sind alle Schusswaffen sowie ihnen gleichgestellte tragbare Gegenstände (ausgenommen Magazine) und die dafür bestimmte Munition im Umgang (ausgenommen das Überlassen) grundsätzlich erlaubnispflichtig, weshalb auch die hier in Rede stehenden Schusswaffen einer generellen Erlaubnispflicht unterfallen.

Hier führt J die Schusswaffen. Das Führen impliziert auch den Erwerb und Besitz. Erwerb und Besitz setzen eine WBK voraus, das Führen erfordert einen WS.

Als weitere Umgangsart könnte vorliegend eine Mitnahme in Betracht kommen, da J die beiden Waffen über die Grenze in die Niederlande transportieren möchte.[63]

Nach § 1 Abs. 3 iVm Anl. 1 Abschn. 2 Nr. 6 WaffG nimmt eine Schusswaffe oder Munition mit, wer diese vorübergehend auf einer Reise ohne Aufgabe des Besitzes zur Verwendung über die Grenze in den, durch den oder aus dem Geltungsbereich des Gesetzes bringt.

Nach seinen glaubhaften Angaben ist J zur Jagd in den Niederlanden eingeladen und er möchte die Waffen aus Deutschland in die Niederlande transportieren, weil er diese bei der Jagd verwenden will. Anhaltspunkte dafür, dass in den Niederlanden ein Besitzerwechsel stattfinden soll oder ein auf Dauer angelegter Vorgang vorliegt, sind auch nicht zu erkennen.

Folglich strebt der J vorliegend eine Mitnahme der beiden Schusswaffen in die Niederlande an.

Die rechtmäßige Mitnahme setzt grundsätzlich eine Mitnahmeerlaubnis voraus.[64]

---

vgl. § 12 Abs. 3 Nr. 2 WaffG. Auch wenn diese Form des Transports bei Vorliegen weiterer tatbestandlicher Voraussetzungen erlaubnisfrei gestellt ist, so ändert dies nichts daran, dass es sich um ein Führen handelt.

[63] Die Mitnahme ist hier an dieser Stelle gutachtlich zu prüfen und vom Verbringen abzugrenzen. Dies ist deshalb wichtig, weil für die Mitnahme bzw. das Verbringen unterschiedliche Erlaubnisse vonnöten sind und auch unterschiedliche Ausnahmetatbestände in Betracht kommen können.

J kann hier neben einer WBK einen EFP vorlegen. Der EFP stellt ohne entsprechende Eintragungen in Spalte 4 keine Erlaubnis zur Mitnahme aus D in einen anderen Mitgliedstaat dar, weshalb eine Strafbarkeit nach § 52 Abs. 3 Nr. 4b WaffG im Raum steht.

> **Merke:**
>
> Die Erlaubnis zur Mitnahme aus D in einen anderen Mitgliedstaat nach § 32 Abs. 1a WaffG wird von der deutschen Waffenbehörde in Spalte 4 des (deutschen) EFP eingetragen.

Zu prüfen ist jedoch, ob J die beiden Waffen ausnahmsweise erlaubnisfrei mitnehmen darf. Eine solche Ausnahme könnte sich vorliegend aus § 32 Abs. 3 Nr. 1 WaffG ergeben.

Als erste Voraussetzung müsste J über einen auf ihn ausgestellten EFP verfügen, in welchem die mitgeführten Schussw. eingetragen sind. Der vorgelegte EFP wurde auf seinen Namen ausgestellt und es sind auch die mitgeführten Schussw. eingetragen. Somit sind diese Voraussetzungen erfüllt.

Zudem müsste es sich bei J um einen Jäger handeln, was dieser durch Vorlage eines Jagdscheines belegen kann.

Weiterhin muss die Mitnahme zum Zwecke der Jagd erfolgen, was J vorliegend glaubhaft darlegt. Schließlich ist Voraussetzung für eine erlaubnisfreie Mitnahme, dass J den Grund der Mitnahme nachweisen kann. Dies geschieht durch die mitgeführte schriftliche Einladung seines niederländischen Freundes.

Die Ausnahme nach § 32 Abs. 3 Nr. 1 WaffG erfasst allerdings nur bis zu drei Langwaffen nach Anl. 1 Abschn. 3 der Kat. C WaffG. Wie aus dem EFP ersichtlich ist, handelt es sich bei der Büchse um eine Langwaffe der Kat. C, sodass für die Büchse auch diese Voraussetzung erfüllt ist. Die Büchse kann daher im vorliegenden Fall erlaubnisfrei aus D in die Niederlande mitgenommen werden.

Der Revolver hingegen ist eine Kurzwaffe, weshalb für diesen eine erlaubnisfreie Mitnahme aus D nach den Niederlanden ausscheidet. Eine solche wäre nach § 52 Abs. 3 Nr. 4b WaffG strafbar (Vergehenstatbestand).

---

[64] Bei der Prüfung der erlaubnispflichtigen Umgangsarten und entsprechender Ausnahmen davon wird für gewöhnlich mit Erwerb und Besitz begonnen und anschließend das Führen geprüft. Soweit jedoch ein Grenzübertritt stattfindet, sollte von dieser Prüfungsreihenfolge abgewichen werden. In diesen Fällen sollte stets erst der Verbringens- bzw. Mitnahmevorgang geprüft werden. Dieser Aufbau ist zu empfehlen, da an die Rechtmäßigkeit des Verbringens/der Mitnahme Freistellungstatbestände für die weiteren Umgangsarten knüpfen.

Vorliegend befindet der J sich zum Zeitpunkt der Kontrolle auf deutschem Hoheitsgebiet und die Mitnahme ist wegen des noch nicht erfolgten Grenzübertritts in Richtung Niederlande nicht vollendet. Eine in Betracht kommende versuchte Mitnahme müsste zunächst strafbar sein. Dies richtet sich nach § 23 StGB, wonach der Versuch eines Verbrechens stets und der Versuch eines Vergehens nur dann strafbar ist, soweit das Gesetz es ausdrücklich bestimmt. Bei § 52 Abs. 3 Nr. 4b WaffG handelt es sich um einen Vergehenstatbestand (vgl. § 12 Abs. 2 StGB). Der Versuch der Mitnahme aus D in einen anderen Mitgliedstaat ist im Gesetz nicht ausdrücklich unter Strafe gestellt, weshalb eine Strafbarkeit nicht gegeben ist.

Mit dem Versuch der Mitnahme des Revolvers ohne die hierfür erforderliche Erlaubnis hat der J sich daher nicht strafbar gemacht.

> **Merke:**
> Der Versuch der unerlaubten Mitnahme sowie des unerlaubten Verbringens aus Deutschland ist nicht strafbar.
>
> Allerdings scheidet in solchen Konstellationen ein erlaubnisfreies Führen nach § 12 Abs. 3 Nr. 2 WaffG aus, da dieses ein Führen im Kontext eines insgesamt rechtmäßigen Umgangs mit der Waffe voraussetzt.

Zu prüfen ist weiter, ob J die Waffen rechtmäßig besessen hat. Der berechtigte Besitz wird durch eine WBK dokumentiert, § 10 Abs. 1 WaffG. J kann eine auf seinen Namen ausgestellte WBK vorlegen, in welcher die Langwaffe und auch der Revolver eingetragen sind. Somit besitzt er die Waffen rechtmäßig.

Vorliegend führt J die Schusswaffe jedoch auch, wofür er prinzipiell einen WS braucht, § 10 Abs. 4 WaffG. Da J einen solchen nicht besitzt, ist zu prüfen, ob das Führen im vorliegenden Fall ausnahmsweise erlaubnisfrei gestellt ist. Eine gegenstandsbezogene Ausnahme von der Erlaubnispflicht nach § 2 Abs. 4 iVm Anl. 2 Abschn. 2 UA 2 Nr. 3 WaffG ist nicht ersichtlich.[65] Ein erlaubnisfreies Führen könnte sich hier jedoch aus § 13 Abs. 6 WaffG ergeben. Nach dieser Vorschrift darf ein Jäger Jagdwaffen zur befugten Jagdausübung ohne Erlaubnis führen und mit ihnen schießen; im Zusammenhang mit dieser Tätigkeit darf er die Jagdwaffen auch zugriffsbereit, aber nicht schussbereit erlaubnisfrei führen. Fraglich ist, ob J Adressat dieser Norm ist. Auf § 13 Abs. 6 WaffG können sich nur solche Personen berufen, die Inhaber eines gültigen (deutschen) Jagdscheines sind. J kann einen gültigen Jahresjagdschein vorweisen, welcher ein Jagdschein iSd § 15 Abs. 1 S. 1 BJagdG ist. Deshalb könnte J das Führen der Langwaffe auf § 13 Abs. 6 WaffG stützen, sofern er die dort genannten weiteren

---

[65] Dieser Hinweis ist nicht zwingend erforderlich, ggf kann hierfür ein Bonus-Punkt vergeben werden.

Fall 12 Eine Einladung zur Jagd aus den Niederlanden

Voraussetzungen erfüllt. Voraussetzung für ein erlaubnisfreies Führen nach § 13 Abs. 6 WaffG wäre vorliegend zunächst, dass der Transport im Zusammenhang mit der befugten Jagdausübung steht. J fährt hier zwar in die Niederlande, um dort zu jagen. Allerdings wird die Jagd erst am kommenden Tag stattfinden, weshalb der hinreichend konkrete Zusammenhang mit der befugten Jagdausübung im Zeitpunkt der Kontrolle noch nicht gegeben ist. Ein erlaubnisfreies Führen nach § 13 Abs. 6 WaffG scheidet daher vorliegend aus.

Ein erlaubnisfreies Führen könnte sich weiterhin aus § 12 Abs. 3 Nr. 2 WaffG ergeben (situationsbedingte Ausnahme).

Dazu müssten die Waffen zunächst nicht schussbereit sein. Der Begriff „schussbereit" ist in Anl. 1 Abschn. 2 Nr. 12 WaffG legaldefiniert. Demnach ist Schussbereitschaft gegeben, wenn die Waffe geladen ist, dh., dass Munition oder Geschosse in der Trommel, im in die Waffe eingefügten Magazin oder im Patronen- oder Geschosslager sich befindet, auch wenn sie nicht gespannt ist.

Da sich lt. SV keine Munition in den Waffen befindet, ist diese nicht schussbereit.

Zudem dürften die Waffen nicht zugriffsbereit sein. In jedem Fall wäre sie nicht zugriffsbereit, wenn sie in einem *ver*schlossenen Behältnis geführt werden würde, vgl. Anl. 1 Abschn. 2 Nr. 13 S 2 WaffG (unwiderlegbare gesetzliche Vermutung). Ein *ver*schlossenes Behältnis zeichnet sich dadurch aus, dass es durch eine besondere Vorrichtung gegen den ungehinderten Zugriff Dritter gesichert ist (etwa abgeschlossener Koffer usw.). Lt. SV befinden sich die Waffen jeweils in einem abgeschlossenen Waffenkoffer, und damit in verschlossenen Behältnissen. Es greift daher die unwiderlegbare gesetzliche Vermutung und die Waffen sind als nicht zugriffsbereit einzustufen.

Schließlich müsste der Transport zu einem von seinem Bedürfnis umfassten Zweck oder im Zusammenhang damit erfolgen. J ist hier als Jäger unterwegs zur Jagd. Diese findet zwar erst am nächsten Tag statt, weshalb ein konkreter Zusammenhang mit der befugten Jagdausübung noch nicht zu bejahen ist. Allerdings steht dieser Transport im Zusammenhang mit seiner Eigenschaft als Jäger, ein Zusammenhang mit seinem Bedürfniszweck ist daher festzustellen, so dass auch diese tatbestandliche Voraussetzung erfüllt ist.

Dem Wortlaut der Norm nach zu urteilen scheinen die tatbestandlichen Voraussetzungen für ein erlaubnisfreies Führen nach § 12 Abs. 3 Nr. 2 WaffG vorzuliegen. Zu berücksichtigen ist jedoch, dass ein erlaubnisfreies Führen dem Sinn und Zweck dieser Norm entsprechend in jedem Fall nur in Betracht kommt, soweit das Führen im Kontext eines insgesamt rechtmäßigen Umgangs mit der Waffe ausgeübt wird. Vorliegend befindet sich J bereits im Moment der Kontrolle im Stadium des Versuchs einer Straftat, dieser ist allerdings nicht strafbar. Der ungehinderte Fortgang des Transports verwirkliche (bezogen auf die

Kurzwaffe) automatisch im Moment der Vollendung der Mitnahme ohne die hierfür erforderliche Erlaubnis den Vergehenstatbestand des § 52 Abs. 3 Nr. 4b WaffG. Das Führen steht daher nicht im Kontext eines insgesamt rechtmäßigen Umgangs mit der Waffe, weshalb es dem Sinn und Zweck der Norm zuwiderliefe, gleichwohl ein erlaubnisfreies Führen anzunehmen. Trotz des vordergründigen Vorliegens der tatbestandlichen Voraussetzungen des § 12 Abs. 3 Nr. 2 WaffG scheidet daher ein auf diese Vorschrift gestütztes erlaubnisfreies Führen zumindest des Revolvers aus.

> **Merke:**
>
> Ein erlaubnisfreies Führen nach § 12 Abs. 3 Nr. 2 WaffG setzt stets voraus, dass die Waffe während des Transports **im Kontext eines insgesamt rechtmäßigen Umgangs geführt wird.**
>
> Ist der Umgang am Ausgangs- oder Endpunkt des Transportes rechtswidrig oder wird durch den stattfindenden Transport selbst ein Rechtsverstoß bewirkt, so scheidet ein erlaubnisfreies Führen nach § 12 Abs. 3 Nr. 2 WaffG aus.

Dies stellt eine Straftat nach § 52 Abs. 3 Nr. 2a WaffG dar.

§ 38 Abs. 1 S. 1 Nr. 1a WaffG schreibt vor, dass beim Führen einer Schussw. der Pass oder Personalausweis sowie die WBK mitzuführen ist, soweit eine solche für den Erwerb erforderlich ist. Dieser Verpflichtung kommt J durch seinen gültigen BPA und die auf seinen Namen ausgestellte WBK nach.

Weiter schreibt § 38 Abs. 1 S. 1 Nr. 1e cc WaffG vor, dass im Falle der Mitnahme einer Schusswaffe nach Anl. 1 Abschn. 3 Kat. A 1.2 bis C WaffG aus D in einen anderen Mitgliedstaat nach § 32 Abs. 3 WaffG zusätzlich der EFP sowie ein Beleg für den Grund der Mitnahme mitzuführen ist. Die beabsichtigte Mitnahme der Büchse kann auf § 32 Abs. 3 WaffG gestützt werden. J hat den EFP sowie einen Nachweis für die Mitnahme (schriftliche Einladung seines Freundes) bei sich. Auf die Büchse bezogen liegt kein Verstoß gegen die Ausweispflichten vor. Schließlich sind diese Dokumente den kontrollierenden Polizeibeamten gem. § 38 Abs. 2 WaffG auf deren Verlangen hin auszuhändigen. Diesen Pflichten kam J ebenfalls nach.

Für die Mitnahme des Revolvers bedürfte es allerdings einer Mitnahmeerlaubnis gem. § 32 Abs. 1a WaffG, welche er nach Maßgabe von § 38 Abs. 1 S. 1 Nr. 1 e cc WaffG ebenfalls mit sich führen müsste. Da er über die nach § 32 Abs. 1a WaffG erforderliche Erlaubnis nicht verfügt, führt er diese auch nicht mit sich, weshalb eine Owi nach § 53 Abs. 1 Nr. 20 WaffG vorliegt.

Im Ergebnis muss J sich wegen des unerlaubten Führens einer Schusswaffe eine Straftat nach § 52 Abs. 3 Nr. 2a WaffG zur Last legen lassen. Weiterhin muss er sich für eine Owi nach § 53 Abs. 1 Nr. 20 WaffG verantworten.

Fall 13 Eine Langwaffe am Flughafen

Schwerpunkte: Erlaubnispflicht, erlaubnisfreier Erwerb und Besitz (§ 12 Abs. 1 Nr. 6 WaffG), erlaubnisfreies Führen (§ 12 Abs. 3 Nr. 2 WaffG), Mitnahme von Schussw. durch Deutschland durch Personen mit Wohnsitz in einem Drittstaat (§ 32 Abs. 4 WaffG), Ausweispflichten (§ 38 Abs. 1 S. 1 Nr. 1 WaffG), Anmeldepflicht (§ 33 Abs. 1 S. 1 WaffG).

Am Flughafen Frankfurt/Main wird bei einem „Unclean-Flug"[66] das Reisegepäck durchleuchtet. Das Flugzeug ist vor ca. 30 Minuten aus Moskau kommend gelandet. Mehrere Reisende steigen in Frankfurt um und fliegen von dort aus weiter nach Madrid.

Bei der Durchleuchtung eines Futterals werden auf dem Röntgengerät die Umrisse einer Schussw. sichtbar. Nach Öffnung des Futterals durch Mitarbeiter des Flughafens wird eine Langwaffe festgestellt.

Daraufhin wird die Polizei über den Schusswaffenfund informiert und zwei Polizeibeamte erscheinen vor Ort. Die Beamten stellen fest, dass sich keine Munition in der Schussw. befindet. Anhand des Gepäckanhängers am Gewehrfutteral kann der Reisende ausgerufen werden, der bald vor Ort erscheint. Es handelt sich um einen russischen Staatsangehörigen R. Auf Nachfrage durch die Polizeibeamten gibt er an, es handele sich bei der Schussw. um seine eigene Jagdwaffe. Er sei für die kommenden Tage in Spanien bei einem Geschäftspartner zur Jagd eingeladen. Anschließend fliege er von Madrid aus direkt zurück nach Moskau. Seine Schussw. nehme er dabei auch wieder mit zurück. Da er keinen Direktflug von Moskau aus nach Madrid bekommen habe, fliege er über Frankfurt/Main.

An Dokumenten kann R einen russischen Reisepass vorlegen, in welchem auch ein gültiges Schengenvisum Typ C eingeklebt ist. Weiterhin legt er eine russische Erlaubnis vor, die den Besitz der aufgefundenen Schussw. legitimiert. Weitere Dokumente kann R nicht vorweisen.

Frage: Hat R gegen waffenrechtliche Vorschriften verstoßen?

---

[66] Auf Grund europarechtlicher Vorgaben sind Umsteiger aus Nicht-EU-Staaten („sog. Unclean-Staaten") vor dem Weiterflug luftsicherheitsrechtlich zu überprüfen. Vor dem Weiterflug müssen die EU-Vorgaben nachgeholt werden. Dies hat zur Folge, dass die Reisenden erneut abgetastet/abgesondert werden sowie deren Handgepäck oder Reisegepäck durchleuchtet wird, bevor sie den Anschlussflug antreten.

Lösungsskizze

Vorüberlegung: In Betracht kommende Straftaten / Owi?

§ 52 Abs. 1 Nr. 2d WaffG (Vergehen), wenn es sich bei der Langwaffe um eine erlaubnispflichtige Waffe handelt und R diese ohne erforderliche Erlaubnis durch Deutschland mitgenommen hat; § 52 Abs. 3 Nr. 2a WaffG (Vergehen), wenn R diese ohne erforderliche Erlaubnis geführt hat und zudem keine Ausnahmen von der Erlaubnispflicht für die ausgeübten Umgangsarten greifen.

Owi gem. § 53 Abs. 1 Nr. 20 WaffG, sofern ein Pass oder BPA oder aber der erforderliche Erlaubnisschein für die Mitnahme nicht mitgeführt wird.

Owi gem. § 53 Abs. 1 Nr. 15 WaffG, sofern die Anmeldepflicht des § 33 Abs. 1 S. 1 WaffG missachtet wurde.

I. Anwendungsbereich WaffG, § 1 Abs. 1 WaffG

1. Liegt Waffe vor?
   - Schussw. iSd § 1 Abs. 2 Nr. 1 Alt. 1 iVm Anl. 1 Abschn. 1 UA 1 Nr. 1.1 WaffG (+)
2. Wird Umgang ausgeübt?
   - Führen nach § 1 Abs. 3 iVm Anl. 1 Abschn. 2 Nr. 4 WaffG (+)
     o Ausübung der tats. Gewalt? (+)
     Def.: Tats. Gewalt setzt willensgetragene, jederzeit zu realisierende Herrschaftsmöglichkeit voraus
     Contra: => Waffe im Reisegepäck aufgegeben, R hat keinen Zugriff darauf
     Pro: Begriff der tats. Gewalt darf in zeitlicher wie auch in räumlicher Hinsicht nicht zu eng ausgelegt werden. Es reicht grds. Möglichkeit, nach eigenem Willen auf die Waffe einwirken zu können. => R hat Möglichkeit auszuchecken und sich Schussw. aushändigen zu lassen, deshalb jederzeit zu realisierende Herrschaftsmöglichkeit
     o Außerhalb der eigenen Wohnung, Geschäftsräume, des eigenen befriedeten Besitztums oder einer Schießstätte (+)
     => Waffe befindet sich am Flughafen im öff. Raum und wird somit geführt (+)
     (Führen impliziert stets auch Erwerb und Besitz)

Ergebnis: Der Anwendungsbereich des WaffG ist eröffnet

II. Einordnen der Waffe

1. Waffe verboten nach § 2 Abs. 3 iVm Anl. 2 Abschn. 1 WaffG? (-)
   - Langwaffe nicht in Anl. 2 Abschn. 1 WaffG genannt
2. Waffe erlaubnispflichtig nach § 2 Abs. 2 iVm Anl. 2 Abschn. 2 UA 1 S. 1 WaffG? (+)
   - Nach Anl. 2 Abschn. 2 UA 1 S. 1 WaffG sind alle Schussw. sowie gleichgest. tragb. Gegenstände (ausgenommen Magazine) und die dafür bestimmten Munition grds. erlaubnispflichtig (ausgenommen das Überlassen) und somit auch die hier in Rede stehende Langwaffe

Ergebnis: Langwaffe unterliegt der Erlaubnispflicht

III. Prüfen erforderlicher Erlaubnisse bzw. von Ausnahmen von der Erlaubnispflicht, wenn keine Erlaubnis vorgelegt werden kann

Ausgeübte Umgangsarten[67]

1. Mitnahme
Abgrenzung Verbringen/Mitnahme
- Mitnahme nach § 1 Abs. 3 iVm Anl. 1 Abschn. 2 Nr. 6 WaffG (+)
  - Waffe wird vorübergehend auf einer Reise mitgenommen und Besitz wird nicht aufgegeben?
  => Waffe wird durch Deutschland nach Spanien zur Verwendung bei der Jagd transportiert und anschließend zurück nach Russland gebracht
  Problem: Ohne Aufgabe des Besitzes (+)
  Contra: Waffe wird durch Transitbereich im Reisegepäck transportiert, durch Übergabe an Fluggesellschaft wurde Besitz möglicherweise aufgegeben
  Pro: Durch Übergabe geht zwar der unmittelbare Besitz (§ 854 BGB) auf Fluggesellschaft bzw. Mitarbeiter über, mittelbarer Besitz gem. § 868 BGB bleibt aber und ist im Rahmen von Flugreisen ausreichend. Keine Aufgabe des Besitzes im waffenrechtlichen Sinne zu beurteilenden SV anzunehmen.[68]
  => Langwaffe wird mitgenommen. Mitnahme ist mit Grenzübertritt abgeschlossen

Erforderliche Erlaubnis vorhanden? (-)
Deutsche Mitnahmeerlaubnis notwendig, Russische Besitzerlaubnis entfaltet keine Rechtswirkung => keine Erlaubnis vorhanden
Ausnahmsweise erlaubnisfreie Mitnahme? (-)
- Personen- bzw. situationsbezogene Ausnahme nach § 32 Abs. 3 Nr. 1 WaffG? (-)
  R zwar Jäger, Wohnsitz aber außerhalb eines Mitgliedstaates der EU und er verfügt über keinen EFP
- § 32 Abs. 4 WaffG? (-)
  Jäger mit Wohnsitz in einem Drittstaat kann zur Mitnahme zur Jagd durch Deutschland unter erleichterten Vorauss. eine Erlaubnis erteilt werden (dies ist eine Erleichterung aber keine Befreiung v. Erfordernis einer Mitnahmeerlaubnis) => auch eine solche erleichterte Mitnahmeerlaubnis ist nicht vorhanden
- § 32 Abs. 5 Nr. 3 WaffG? (-) Nicht einschlägig, erfasst nur das Mitführen von Waffen zum Zwecke der Sicherheit an Bord[69]
  Problem: Waffe im Transitbereich, deshalb keine Erlaubnis notwendig? (-)
  => Garantenstellung D gegenüber EU-Staaten, Formulierung § 29 Abs. 2 S. 2 WaffG spricht dagegen, notwendige deutsche Erlaubnis wird von Erlaubnis des Ziel-EU-Staates abhängig gemacht, weiterhin sprechen nationale Interessen dagegen, Erlaubnis wird nur erteilt wenn sicherer Transport durch Berechtigten gewährleistet, Flugzeug auch nicht ausgenommen, Transitbereich unterliegt auch waffenrechtlichen Regelungen

---

[67] Da das Führen bereits im Zuge der Prüfung des Anwendungsbereichs geprüft worden ist, kann hier kurz darauf verwiesen werden.
[68] Vgl. *Gade*, Anl. 1 WaffG Rn. 180, *Heller/Soschinka/Rabe*, Waffenrecht, Rn. 1251, *Steindorf/B. Heinrich/Papsthart*, Anl. 1 WaffG Rn. 204, *Ostgathe*, Waffenrecht kompakt, S. 21.
[69] Ausführlich zu dieser Problematik *Gade*, § 32 WaffG Rn. 49 ff.

Ergebnis: Langwaffe wird unberechtigt mitgenommen, Straftat § 52 Abs. 1 Nr. 2d WaffG (+)

2. Erwerb und Besitz
Führen impliziert Erwerb und Besitz
Erforderliche Erlaubnis (WBK) vorhanden? (-)
=> Russische Besitzerlaubnis nicht ausreichend
Ausnahmsweise erlaubnisfreier Erwerb und Besitz? (-)
- Personen- bzw. situationsbez. Ausnahme nach § 12 Abs. 1 Nr. 6 WaffG? (-)
  R nimmt Langwaffe wie geprüft unberechtigt mit
  => Ausnahme § 12 Abs. 1 Nr. 6 WaffG greift nicht

3. Führen
Erforderliche Erlaubnis (WS) vorhanden? (-)
Ausnahmsweise erlaubnisfreies Führen? (-)
- Personen- bzw. situationsbezog. Ausnahme nach § 12 Abs. 3 Nr. 2 WaffG?
  o Schussw. zwar nicht schuss- und zugriffsbereit, Ausnahmetatbestand greift aber nicht. Berechtigtes Führen setzt denknotwendigerweise berechtigten Besitz voraus, dieser ist nicht gegeben. Unerl. Besitz zieht unerl. Führen nach sich

Ergebnis: R hat Langwaffe ohne Erlaubnis besessen und geführt, Straftat § 52 Abs. 3 Nr. 2a WaffG

IV. Sonstige Erfordernisse

Ausweispflichten, § 38 Abs. 1 S. 1 WaffG (Verstoß: Owi nach § 53 Abs. 1 Nr. 20 WaffG)
R legt russischen Reisepass vor, verstößt daher nicht gegen § 38 Abs. 1 S. 1 Nr. 1 WaffG

Anmeldepflicht § 33 Abs. 1 Nr. 1 WaffG (Verstoß: Owi nach § 53 Abs. 1 Nr. 15 WaffG)
R nimmt Waffe aus Drittstaat (Russland) durch Deutschland mit. Mitnahme der Langwaffe ist erlaubnispflichtig. R ist Anmeldepflicht des § 33 Abs. 1 Nr. 1 WaffG nicht nachgekommen.

V. Endergebnis

R muss sich folgende Straftaten/Owi vorwerfen lassen:

§§ 52 Abs. 1 Nr. 2d, 52 Abs. 3 Nr. 2a WaffG, 52 StGB
Owi gem. § 53 Abs. 1 Nr. 15 WaffG

Ausformulierte Lösung

R könnte eine Straftat nach § 52 Abs. 1 Nr. 2d WaffG (Vergehen) wegen der Mitnahme einer Schussw. durch Deutschland ohne erforderliche Erlaubnis begangen haben. Darüber hinaus steht eine Straftat nach § 52 Abs. 3 Nr. 2a WaffG (Vergehen) im Raum, sofern die Schussw. ohne erforderliche Erlaubnis geführt wird. Zusätzlich besteht der Verdacht einer Owi gem. § 53 Abs. 1 Nr. 15 WaffG wegen der Missachtung der Anmeldepflicht des § 33 Abs. 1 Nr. 1 WaffG.

Zunächst müsste der Anwendungsbereich des WaffG eröffnet sein, was der Fall ist, wenn Umgang mit einer Waffe oder Munition ausgeübt worden ist, vgl. § 1 Abs. 1 WaffG.

Bei der im Reisegepäck aufgefundenen Langwaffe handelt es sich um eine Schussw. iSd § 1 Abs. 2 Nr. 1 Alt. 1 iVm Anl. 1 Abschn. 1 UA 1 Nr. 1.1 WaffG.[70]

Mit dieser müsste der R Umgang ausgeübt haben. In Betracht kommt hier ein Führen gem. § 1 Abs. 3 iVm Anl. 1 Abschn. 2 Nr. 4 WaffG.[71]

Danach führt eine Waffe, wer die tats. Gewalt darüber außerhalb der eigenen Wohnung, Geschäftsräume, des eigenen befriedeten Besitztums oder einer Schießstätte ausübt. Vorliegend befindet sich die Schussw. am Flughafen Frankfurt/Main und damit außerhalb dieser Räume. Weiter müsste R die tats. Gewalt über die Waffe ausgeübt haben, was eine v. Willen getragene, jederzeit zu realisierende Herrschaftsmöglichkeit voraussetzt. Daran könnten hier Zweifel bestehen, da sich die Waffe im Reisegepäck befindet, welches im Flugzeug transportiert wurde. R kann daher nicht ungehindert auf sie einwirken. Allerdings darf der Begriff der tats. Gewalt in zeitlicher wie auch in räumlicher Hinsicht nicht zu eng ausgelegt werden. Vielmehr geht es um die grds. Möglichkeit, nach eigenem Willen auf die Waffe einwirken zu können. Diese Möglichkeit besteht auch dann, wenn der Zugriff nur mit zeitlicher Verzögerung oder erst nach einer räumlichen Annäherung erfolgen kann. R könnte jederzeit in Frankfurt/Main auschecken und sich seine Schussw. geben lassen, er hat also eine jederzeit zu realisierende Herrschaftsmöglichkeit. R übt daher die tats. Gewalt über die Waffe aus und will dies auch, er führt sie gem. § 1 Abs. 3 iVm Anl. 1 Abschn. 2 Nr. 4 WaffG.

Aus diesem Grunde ist der Anwendungsbereich des WaffG eröffnet.

Die Schussw. ist nicht in § 2 Abs. 3 iVm Anl. 2 Abschn. 1 WaffG genannt und daher nicht verboten.

---

[70] Die Schusswaffeneigenschaft ist so unproblematisch, dass eine Erörterung der Begrifflichkeit (vgl. Legaldef. in Anl. 1 Abschn. 1 UA 1 Nr. 1.1 WaffG) entbehrlich ist.

[71] Diese Umgangsart ist auch ausführlich zu bearbeiten, da diese sich im zu beurteilenden SV als nicht unproblematisch darstellt.
Dementsprechend verbleiben gemeinhin anerkannt auch Waffen, die in einer Wohnung eingeschlossen sind, in der tats. Gewalt des abwesenden Inhabers (vgl. WaffVwV Anl. 1 Abschn. 2 Nr. 2). Ebenso wird die tats. Gewalt nicht dadurch aufgehoben, dass eine Waffe nicht schuss- und nicht zugriffsbereit transportiert wird (vgl. *Gade*, Anl. 1 WaffG Rn. 168). Dies steht im Einklang mit der Rechtslage, wonach der nicht schuss- und nicht zugriffsbereite Transport einer Waffe explizit als „Führen" benannt ist, vgl. § 12 Abs. 3 Nr. 2 WaffG. Auch wenn diese Form des Transports bei Vorliegen weiterer tatbestandlicher Voraus. erlaubnisfrei gestellt ist, so ändert dies nichts daran, dass es sich um ein Führen handelt.

Zu prüfen ist, ob es sich um eine erlaubnispflichtige Waffe handelt. Nach § 2 Abs. 2 iVm Anl. 2 Abschn. 2 UA 1 S. 1 WaffG sind alle Schussw. sowie ihnen gleichgest. tragb. Gegenstände (ausgenommen Magazine) und die dafür bestimmte Munition im Umgang (mit Ausnahme des Überlassens) grds. erlaubnispflichtig, weshalb auch die hier in Rede stehende Schussw. einer generellen Erlaubnispflicht unterfällt.

Hier führt R die Schussw. Das Führen impliziert auch stets den Erwerb und Besitz. Erwerb und Besitz setzen eine WBK voraus, das Führen erfordert einen WS, § 10 WaffG.

Als weitere Umgangsart könnte vorliegend eine Mitnahme in Betracht kommen, da R die Langwaffe lt. SV aus Russland über die Grenze durch Deutschland nach Spanien bringt.[72]

Nach § 1 Abs. 3 iVm Anl. 1 Abschn. 2 Nr. 6 WaffG nimmt eine Schussw. oder Munition mit, wer diese vorübergehend auf einer Reise ohne Aufgabe des Besitzes zur Verwendung über die Grenze in den, durch den oder aus dem Geltungsbereich des Gesetzes bringt.

Nach seinen glaubhaften Angaben ist R bei einem Geschäftspartner zur Jagd in Spanien eingeladen und er nimmt die Langwaffe aus Russland durch Deutschland nach Spanien mit, weil er diese bei der Jagd verwenden will. Anhaltspunkte dafür, dass in Spanien ein Besitzerwechsel stattfinden soll, sind nicht zu erkennen. Die Mitnahme erfolgt auch vorübergehend auf einer Reise, da nach Beendigung die Waffe wieder zurück nach Russland befördert wird.

Problematisch erscheint im vorliegenden Fall jedoch, ob die weitere Voraussetzung einer Mitnahme „ohne Aufgabe des Besitzes" erfüllt ist. Die Waffe wird durch den sog. Transitbereich des Flughafens mitgenommen. Sie befindet sich im Gepäck und wurde v. Reisenden nicht im Handgepäck mitgeführt. Möglicherweise könnte der Reisende durch die Übergabe der Schussw. an die Flugverkehrsgesellschaft seinen Besitz aufgegeben haben.

Durch die Übergabe der Schussw. geht der unmittelbare Besitz (§ 854 BGB) auf diese bzw. deren Mitarbeiter über und dem Reisenden verbleibt lediglich der mittelbare Besitz gem. § 868 BGB. Dieser ist hier nach der ratio legis ausnahmsweise ausreichend für die Annahme waffenrechtlichen Besitzes, so dass

---

[72] Die Mitnahme ist hier an dieser Stelle gutachtlich zu prüfen und v. Verbringen abzugrenzen. Dies ist deshalb wichtig, weil für die Mitnahme bzw. das Verbringen unterschiedliche Erlaubnisse vonnöten sind und auch unterschiedliche Ausnahmetatbestände in Betracht kommen können.

keine Aufgabe des Besitzes im waffenrechtlichen Sinne in dem hier zu beurteilenden SV vorliegt.[73]

Im Ergebnis wird die Langwaffe im waffenrechtlichen Sinne gem. § 1 Abs. 3 iVm Anl. 1 Abschn. 2 Nr. 6 WaffG mitgenommen.

Die Erlaubnis zur Mitnahme durch Deutschland wird durch einen Erlaubnisschein erteilt. R kann zwar eine russische Besitzerlaubnis vorlegen, jedoch entfalten ausländische Erlaubnisscheine nach dem deutschen WaffG keine unmittelbare Rechtswirkung. Eine deutsche Mitnahmeerlaubnis kann R nicht vorlegen, weshalb eine Straftat gem. § 52 Abs. 1 Nr. 2d WaffG im Raum steht.

Allerdings ist zu prüfen, ob ausnahmsweise ein Fall der erlaubnisfreien Mitnahme durch Deutschland vorliegt.

§ 32 Abs. 3 Nr. 1 WaffG stellt Jäger unter den dort genannten Vorauss. für die Mitnahme von Waffen nach oder durch D oder aus D in einen anderen Mitgliedstaat erlaubnisfrei. R ist zwar Jäger. Allerdings müsste er gem. § 32 Abs. 3 Nr. 1 WaffG iVm § 32 Abs. 2 WaffG seinen Wohnsitz in einem Mitgliedstaat der Europäischen Union haben und über einen EFP verfügen, der von diesem EU-Staat ausgestellt ist und in welchem die mitgenommene Schussw. eingetragen ist. R hat seinen Wohnsitz in Russland und auch die übrigen Vorauss. liegen nicht vor, weshalb § 32 Abs. 3 Nr. 1 WaffG keine Anwendung finden kann.

Gem. § 32 Abs. 4 WaffG kann Jägern mit Wohnsitz in einem Drittstaat, die zum Zwecke der Jagd nach oder durch Deutschland eine Schussw. mitnehmen wollen, unter erleichterten Vorauss. eine Mitnahmeerlaubnis erteilt werden. Diese Regelung stellt jedoch lediglich eine Erleichterung und keine Freistellung v. Erfordernis einer Mitnahmeerlaubnis dar. Auch eine solche unter erleichterten Vorauss. zu erlangende Mitnahmeerlaubnis kann R nicht vorlegen, so dass auch diese Ausnahme nicht greift.

Schließlich könnte eine Ausnahme nach § 32 Abs. 5 Nr. 3 WaffG in Betracht kommen. Jedoch scheidet auch diese aus, da von dem Ausnahmetatbestand nur das Mitführen von Waffen zum Zwecke der Sicherheit an Bord von Schiffen oder Luftfahrzeugen erfasst ist.[74]

Im Ergebnis kann die für die Mitnahme erforderliche deutsche Erlaubnis nicht vorgelegt werden.

Der Umstand, dass sich die Waffe im Transitbereich befindet, ist für diese Würdigung unerheblich. Deutschland hat anderen EU-Staaten gegenüber eine Garantenstellung. Diese kann aus der Regelung des § 29 Abs. 2 S. 2 WaffG abge-

---

73 Vgl. *Gade*, Anl. 1 WaffG Rn. 180; *Heller/Soschinka/Rabe*, Waffenrecht, Rn. 1251; *Steindorf/B. Heinrich*, Anl. 1 WaffG Rn. 204; *Ostgathe*, Waffenrecht kompakt, S. 21.
74 Ausführlich zu dieser Problematik *Gade*, § 32 WaffG Rn. 49 ff.

leitet werden, wonach eine Erlaubnis zur Mitnahme durch Deutschland nur dann erteilt wird, wenn der Ziel-EU-Staat der Mitnahme vorher schriftlich zugestimmt hat. Ebenso dient das Erlaubnisverfahren nationalen Interessen. Dies wird daraus ersichtlich, dass die Mitnahmeerlaubnis nur dann erteilt wird, wenn der sichere Transport durch einen zum Erwerb und Besitz der Schussw. Berechtigten erfolgt. Nicht zuletzt liefe es dem Sinn und Zweck des Gesetzes zuwider, wenn das Transportmittel Flugzeug von der Erlaubnispflicht ausgenommen würde. Auch im Transitbereich sind die Regelungen des WaffG anwendbar. Die Fälle, in denen eine erlaubnisfreie Mitnahme erfolgen kann, sind abschließend geregelt.[75]

Somit bleibt festzustellen, dass die Mitnahme durch Deutschland ohne Erlaubnis erfolgte. Dies stellt eine Straftat gem. § 52 Abs. 1 Nr. 2d WaffG dar.[76]

Die Mitnahme ist mit dem Grenzübertritt abgeschlossen und vollendet, also mit dem Eintritt in den deutschen Luftraum.

An die vollendete Mitnahme schließt sich die Umgangsart Führen an. Auch das Führen der Schussw. unterliegt gem. § 2 Abs. 2 iVm Anl. 2 Abschn. 2 UA 1 S. 1 WaffG grds. der Erlaubnispflicht.

Das Führen impliziert Erwerb und Besitz. Das berechtigte Führen setzt den rechtm. Besitz voraus. Eine andere Auslegung würde zu v. Gesetzgeber nicht gewollten Ergebnissen führen.

Aus diesem Grunde ist zuerst zu prüfen, ob R die Schussw. berechtigt besitzt. Die Berechtigung zum Besitz wird durch eine WBK erteilt, die Berechtigung zum Führen durch einen WS. R kann einzig eine russische Besitzerlaubnis vorlegen, die aber in Deutschland keine unmittelbare Rechtswirkung entfaltet.

Allerdings ist zu prüfen, ob ausnahmsweise ein Fall des erlaubnisfreien Erwerbs und Besitzes vorliegt. Der in Betracht kommende Ausnahmetatbestand des § 12 Abs. 1 Nr. 6 WaffG setzt voraus, dass die Schussw. durch Deutschland nach § 32 WaffG berechtigt mitgenommen wird. Wie bereits geprüft erfolgt die Mitnahme durch Deutschland unberechtigt, so dass auch dieser Ausnahmetatbestand nicht greift.

R besitzt die Schussw. mithin ohne die hierfür erforderliche Erlaubnis und damit rechtswidrig.

Auch wenn einige tatbestandliche Vorauss. für ein erlaubnisfreies Führen nach § 12 Abs. 3 Nr. 2 WaffG vorliegen, so ist eine weitere Prüfung dieser Norm ent-

---

[75] Die offensichtlich nicht zutreffenden Ausnahmetatbestände wie zB waffenbezogene Ausnahmen sind nicht abzuprüfen.
[76] Die in der Praxis teilweise vertretene Auffassung, die Mitnahme oder das Verbringen durch Deutschland im Transitbereich sei erlaubnisfrei möglich, ist mit der Rechtslage nicht vereinbar. Ausführlich zu dieser Problematik (die auch für die Mitnahme gilt) *Gade*, § 30 WaffG Rn. 6.

behrlich, da ein erlaubnisfreies Führen nach der ratio legis ausgeschlossen sein muss, wenn schon der Besitz rechtswidrig ist.

R führt deshalb die Schussw. ohne Erlaubnis und begeht eine Straftat gem. § 52 Abs. 3 Nr. 2a WaffG.

Der Verpflichtung des § 38 Abs. 1 S. 1 Nr. 1 WaffG kommt R durch das Mitführen und Vorlage seines russischen Reisepasses nach.

Schließlich kommt eine Owi nach § 53 Abs. 1 Nr. 15 WaffG in Betracht.

§ 33 Abs. 1 Nr. 1 WaffG schreibt demjenigen der hinsichtlich des Verbringens oder der Mitnahme erlaubnispflichtige Waffen oder Munition aus einem Drittstaat nach oder durch D verbringt oder mitnimmt, diese bei den Überwachungsbehörden (also der Bundespolizei oder dem Zoll) anzumelden. Die aufgefundene Schussw. ist erlaubnispflichtig, vgl. § 2 Abs. 2 iVm Anl. 2 Abschn. 2 UA 1 S. 1 WaffG. Ebenfalls erfolgt die Mitnahme durch Deutschland aus Russland, also einem Drittstaat. Aus dem SV ist nicht ersichtlich, dass R dieser Anmeldepflicht nachgekommen ist.

Somit hat R gegen § 33 Abs. 1 Nr. 1 WaffG verstoßen und eine Owi gem. § 53 Abs. 1 Nr. 15 WaffG begangen.

Im Ergebnis hat R Straftaten gem. §§ 52 Abs. 1 Nr. 2d, 52 Abs. 3 Nr. 2a WaffG, 52 StGB sowie eine Owi gem. § 53 Abs. 1 Nr. 15 WaffG begangen.

Teil IV   Praxisrelevante Ausnahmen von der Gesetzessystematik

- Anscheinswaffen
- Einhandmesser
- Führensverbote nach § 42a WaffG
- Umgangsarten Besitz, Führen, Überlassen

Fall 14 Junger Mann mit Anscheinswaffe

Schwerpunkte: Ausnahmsweise Nichtanwendbarkeit des WaffG (Anl. 2 Abschn. 3 UA 2 WaffG), Führensverbot von Anscheinswaffen (§ 42a Abs. 1 Nr. 1 WaffG).

Im Rahmen der polizeilichen Kontrolle einer 17-jährigen männlichen Person (J) wird rechtmäßig der mitgeführte Rucksack durchsucht. In diesem befindet sich eine Pistole, die optisch den Eindruck einer halbautomatischen „scharfen" Pistole des Typs „Walther P 30" erweckt. Bei näherer Betrachtung stellt der kontrollierende Beamte fest, dass die Pistole aus Plastik gefertigt ist und sich auf der Pistole der Aufdruck „Energie < 0,5 Joule" befindet. Weiterhin ist auf der Pistole das Zeichen „CE" zu sehen. Im Rucksack wird auch noch ein kleines Päckchen mit Plastikkügelchen aufgefunden. Der Rucksack ist mit einem Reißverschluss geschlossen. J gibt an, es handele sich um eine Federdruckwaffe, die er von seinem Freund geschenkt bekommen habe. Nun sei er gerade auf dem Nachhauseweg. An Dokumenten kann J nur seinen Sozialversicherungsnachweis vorlegen.

Frage: Hat J gegen Vorschriften des WaffG verstoßen?

Lösungsskizze

Vorüberlegung: In Betracht kommende Straftaten / Owi ?

§ 52 Abs. 2 Nr. 2b WaffG (Vergehen), wenn die Pistole eine erlaubnispflichtige halbautomatische Kurzwaffe zum Verschießen von Patronenmunition ist und J diese ohne die erforderliche Erlaubnis erworben, besessen oder geführt hat und zudem keine Ausnahme von der Erlaubnispflicht für den geübten Umgang greift.

§ 53 Abs. 1 Nr. 21a WaffG (Owi), wenn es sich bei der Pistole lediglich um eine Spielzeugschusswaffe mit Anscheinswaffenqualität handelt, die entgegen dem Führensverbot nach § 42a Abs. 1 Nr. 1 WaffG geführt wird und zudem keine Ausnahme von diesem Verbot nach § 42a Abs. 2 WaffG greift.

I. Anwendungsbereich WaffG, § 1 Abs. 1 WaffG

1. Liegt Waffe vor?
   - Schussw. iSd § 1 Abs. 2 Nr. 1 Alt. 1 iVm Anl. 1 Abschn. 1 UA 1 Nr. 1.1 WaffG (+)

2. Wird Umgang ausgeübt?
   - Führen nach § 1 Abs. 3 iVm Anl. 1 Abschn. 2 Nr. 4 WaffG (+)

- o Ausübung der tats. Gewalt? (+)
  Def.: Tats. Gewalt setzt willensgetragene, jederzeit zu realisierende Herrschaftsmöglichkeit voraus
  Contra: Waffe befindet sich im geschlossenen (Reißverschluss) Rucksack
  => J kann nicht ungehindert auf sie einwirken
  Pro: Begriff der tats. Gewalt darf in zeitlicher wie auch in räumlicher Hinsicht nicht zu eng ausgelegt werden. => Es reicht grds. Möglichkeit, nach eigenem Willen auf die Waffe einwirken zu können
- o Außerhalb der eigenen Wohnung, Geschäftsräume, des eigenen befriedeten Besitztums oder einer Schießstätte (+)
  Transport im öff. Raum
  => Die Pistole wird geführt (Führen impliziert stets auch Erwerb und Besitz)

Zwischenergebnis: Der Anwendungsbereich des WaffG ist eröffnet

3. WaffG ausnahmsweise nicht oder nur eingeschränkt anwendbar?
Besonderheit im Sachverhalt:
=> Kennzeichnung der Schusswaffe, dass die Geschossenergie kleiner als 0,5 Joule sei.
In Betracht kommt eine Ausnahme vom Anwendungsbereich des WaffG nach Anl. 2 Abschn. 3 UA 2 Nr. 1 WaffG
Nr. 1a
- Spielzeugschusswaffe, die dem Geschoss eine Energie von nicht mehr als 0,5 Joule erteilt (+)
- Nicht mit allgemein gebräuchlichem Werkzeug so umbaubar, dass dem Geschoss eine höhere Energie als 0,5 Joule erteilt wird (+)

Ergebnis: Der Anwendungsbereich des WaffG ist zwar eröffnet, allerdings ausnahmsweise nur in Teilen anwendbar. Vorliegend greift gem. Anl. 2 Abschn. 3 UA 2 Nr. 1 WaffG allein die Regelung des § 42a WaffG.

II. Prüfung § 42a Abs. 1 Nr. 1 WaffG

1. Anscheinswaffe? (+)
- Legaldefinition in Anl. 1 Abschn. 1 UA 1 Nr. 1.6.1 WaffG
  o Schusswaffe (+)
  o Gesamterscheinungsbild einer Feuerwaffe (+)
  => Pistole erweckt den optischen Eindruck einer „Walther P 30"
  o zum Antrieb der Geschosse werden keine heißen Gase verwendet (+)
  => lt. SV handelt es sich um eine Federdruckwaffe

2. Waffe geführt? (+)

3. Ausnahme vom Führensverbot, § 42a Abs. 2 WaffG? (-)
  => § 42a Abs. 2 Nr. 2 WaffG (Transport in einem verschlossenen Behältnis) scheidet aus, weil der Rucksack nur mit einem Reißverschluss gesichert ist. Er ist also ein ge- aber kein verschlossenes Behältnis.

Ergebnis: Anscheinswaffe wird unter Verstoß gegen § 42a Abs. 1 Nr. 1 WaffG geführt, weshalb Owi gem. § 53 Abs. 1 Nr. 21a WaffG vorliegt.

III. Waffenrechtliche Relevanz der Plastikkugeln

Da diese nicht vom Munitionsbegriff nach Anl. 1 Abschn. 1 UA 3 WaffG erfasst sind, sind sie waffengesetzlich irrelevant und nicht weiter zu erörtern.

Ausformulierte Lösung

J könnte eine Straftat gem. § 52 Abs. 2 Nr. 2b WaffG (Vergehen) begangen haben, wenn er eine halbautomatische Schusswaffe zum Verschießen von Patronenmunition ohne die erforderliche Erlaubnis besessen bzw. geführt hat. Weiter steht eine Owi gem. § 53 Abs. 1 Nr. 21a WaffG im Raum, sofern es sich bei der Pistole um eine Anscheinswaffe handelt und J diese Anscheinswaffe entgegen § 42a Abs. 1 Nr. 1 WaffG geführt hat, ohne dass eine Ausnahme vom Führensverbot gem. § 42a Abs. 2 WaffG greift.

Zunächst müsste der Anwendungsbereich des WaffG eröffnet sein, was der Fall ist, wenn Umgang mit einer Waffe oder Munition ausgeübt worden ist, vgl. § 1 Abs. 1 WaffG.

Bei der aufgefundenen Pistole handelt es sich um eine Schusswaffe iSd § 1 Abs. 2 Nr. 1 Alt. 1 iVm Anl. 1 Abschn. 1 UA 1 Nr. 1.1 WaffG, bei der Geschosse in Form der Plastikkügelchen zu Spielzwecken durch einen Lauf getrieben werden.

Mit dieser müsste J Umgang geübt haben. In Betracht kommt vorliegend ein Führen gem. § 1 Abs. 3 iVm Anl. 1 Abschn. 2 Nr. 4 WaffG. Danach führt eine Waffe, wer die tats. Gewalt darüber außerhalb der eigenen Wohnung, Geschäftsräume, des eigenen befriedeten Besitztums oder einer Schießstätte ausübt. J befindet sich im öffentlichen Raum (in einer polizeilichen Kontrolle) und damit außerhalb dieser Räume.

Weiter müsste J die tats. Gewalt über die Waffe ausgeübt haben, was eine v. Willen getragene, jederzeit zu realisierende Herrschaftsmöglichkeit voraussetzt. Die Waffe befindet sich in einem geschlossenen Rucksack, weshalb der J nicht gänzlich ungehindert auf sie einwirken kann. Allerdings darf der Begriff der tats. Gewalt in zeitlicher wie auch in räumlicher Hinsicht nicht zu eng ausgelegt werden. Vielmehr geht es um die grds. Möglichkeit, nach eigenem Willen auf die Waffe einwirken zu können. Diese Möglichkeit besteht auch dann, wenn der Zugriff nur mit zeitlicher Verzögerung oder erst nach einer räumlichen Annäherung erfolgen kann.

J übt daher die tats. Gewalt über die Waffe aus und will dies auch, er führt sie gem. § 1 Abs. 3 iVm Anl. 1 Abschn. 2 Nr. 4 WaffG.

Der Anwendungsbereich des WaffG ist deshalb grundsätzlich eröffnet.

Auf der Schusswaffe befindet sich indessen der Aufdruck, dass die Geschossenergie kleiner als 0,5 Joule sei. Ebenso befindet sich auf dieser das Zeichen „CE".

Fraglich ist deshalb, ob diese Schusswaffe überhaupt den Vorschriften des WaffG unterliegt.[77] § 2 Abs. 4 WaffG iVm Anl. 2 Abschn. 3 UA 2 Nr. 1 WaffG nimmt unter gewissen Voraussetzungen die dort genannten Schusswaffen von den Vorschriften des WaffG grds. aus.

Bei der aufgefundenen Schusswaffe handelt es sich offensichtlich um eine sog. „Soft-Air-Waffe". Unter dem allgemeinen Sprachgebrauch „Soft-Air-Waffe" werden Schusswaffen mit geringer Energie verstanden, die für Spielzwecke entwickelt, gebaut und verwendet werden. Zum Antrieb der Geschosse werden keine heißen Gase, sondern Federkraft, Druckluft oÄ. verwendet. Sie bestehen meist aus Kunststoff und sind so verarbeitet, dass Umbauversuche (z.B. zur Steigerung der Bewegungsenergie) in aller Regel zur Zerstörung der Waffe führen. Durch die Aufschrift „Energie < 0,5 Joule" ist zu erkennen, dass die Geschossenergie nicht größer als 0,5 Joule beträgt. Ebenso ist auf Grund des „CE"-Zeichens davon auszugehen, dass es sich um Spielzeug im Sinne der Europäischen Spielzeugrichtlinie[78] handelt und die dort festgelegten Energiegrenzen eingehalten werden.

Im Ergebnis ist die aufgefundene Schusswaffe gem. § 2 Abs. 4 WaffG iVm Anl. 2 Abschn. 3 UA 2 Nr. 1 WaffG von den Vorschriften des WaffG – mit Ausnahme der Regelungen des § 42a WaffG - ausgenommen.

Deshalb ist es unschädlich, dass J erst 17 Jahre alt ist. Das in § 2 Abs. 1 WaffG genannte Mindestalter von 18 Jahren greift für diese Schusswaffen nicht.

Ebenso ist die durch § 38 Abs. 1 Nr. 1 WaffG normierte Pflicht des Mitführens des Passes oder Personalausweises nicht tangiert, so dass durch das Nichtmitführen eines Passes oder Reisepasses keine Owi begangen wird.

Weitere waffenrechtliche Umgangsarten sind unbeachtlich, da diese Schusw. grds. von den Vorschriften des WaffG ausgenommen ist.

Zu prüfen bleibt vorliegend einzig, ob die Regelungen des § 42a WaffG auf die „Soft-Air-Waffe" anzuwenden sind.

---

[77] Eine (teilweise) Ausnahme vom Anwendungsbereich des WaffG ist nur anzusprechen, soweit konkrete Hinweise hierfür im SV gegeben sind (vorliegend die beschriebenen Kennzeichnungen der Waffe).

[78] Richtlinie des Rates vom 3. Mai 1988 zur Angleichung der Rechtsvorschriften der Mitgliedstaaten über die Sicherheit von Spielzeug – 88/378/EWG, geändert durch die Richtlinie 93/68/EWG vom 22. Juli 1993.

Sofern die Regelungen des § 42a WaffG greifen, würde die „Soft-Air-Waffe" einem Führensverbot unterliegen.

Einschlägig könnte hier § 42a Abs. 1 Nr. 1 WaffG sein. Hierzu müsste es sich bei der aufgefundenen „Soft-Air-Waffe" um eine Anscheinswaffe handeln. Nach § 1 Abs. 4 WaffG iVm Anl. 1 Abschn. 1 UA 1 Nr. 1.6 WaffG handelt es sich um eine Anscheinswaffe, wenn diese ihrer äußeren Form nach im Gesamterscheinungsbild den Anschein einer Feuerwaffe hervorruft und wenn zum Antrieb der Geschosse keine heißen Gase Verwendung finden. Es handelt sich also um Imitate einer Feuerwaffe. Hierbei ist auf das Gesamterscheinungsbild des Gegenstandes und auf den objektiven Empfängerhorizont eines „Durchschnittsbürgers" abzustellen.

Auf Grund des Gesamterscheinungsbildes musste der Beamte zuerst davon ausgehen, dass es sich um eine Feuerwaffe des Typs „Walther P 30" handelt. Erst durch eine nähere Inaugenscheinnahme des Gegenstandes konnte er feststellen, dass die Schussw. aus Plastik gefertigt ist und es sich um eine „Soft-Air-Waffe" handelt. Bei dieser werden auch keine heißen Gase zum Antrieb der Geschosse verwendet, sondern Luftdruck. Letztlich handelt es sich bei der aufgefundenen Pistole um eine Anscheinswaffe, auf die das Führensverbot des § 42a Abs. 1 Nr. 1 WaffG grundsätzlich anzuwenden ist.

Ein Verstoß gegen diese Führensverbot liegt nur dann vor, wenn kein Ausnahmetatbestand des § 42a Abs. 2 WaffG greift.

Von den in § 42a Abs. 2 WaffG genannten drei Ausnahmetatbeständen können beim Führen einer Anscheinswaffe jedoch nur die Ausnahmetatbestände der Nr. 1 oder Nr. 2 geltend gemacht werden.[79]

Der Ausnahmetatbestand des § 42a Abs. 2 Nr. 1 WaffG scheidet offenkundig aus, in Betracht könnte jedoch der Ausnahmetatbestand des § 42a Abs. 2 Nr. 2 WaffG, nämlich der Transport in einem verschlossenen Behältnis, kommen.

Unter Transport ist die Beförderung von einem Ort zu einem anderen zu verstehen. J hat die „Soft-Air-Waffe" von seinem Freund geschenkt bekommen und befindet sich nun auf dem Nachhauseweg. Er transportiert diese deshalb iSd § 42a Abs. 2 Nr. 2 WaffG.

Dieser Transport müsste jedoch in einem verschlossenen Behältnis erfolgen, damit die Ausnahme greift.

---

[79] Diese Anmerkung sei angeraten. Hierdurch macht der Klausurbearbeiter deutlich, dass er erkannt hat, dass bei der Prüfung der Ausnahmetatbestände hinsichtlich der aufgefundenen Gegenstände zu differenzieren ist.

Beim Rucksack handelt es sich unstrittig um ein Behältnis. Allerdings ist dieser nur mit einem Reißverschluss verschlossen. Es stellt sich deshalb die Frage, ob dies die Voraussetzungen des vom Gesetz geforderten verschlossenen Behältnisses erfüllt.

Der Begriff „verschlossenen" iSd § 42a Abs. 2 Nr. 2 WaffG ist nicht deckungsgleich mit dem in § 12 Abs. 3 Nr. 2 WaffG verwendeten Begriff „nicht zugriffsbereit". Obwohl die „Soft-Air-Waffe" objektiv ungefährlich ist, hat der Gesetzgeber bewusst besonders hohe Hürden beim Transport dieser Waffen aufgestellt.

Verschlossen ist im Sinne von **abgeschlossen** zu verstehen. Demnach liegt ein verschlossenes Behältnis vor, wenn es durch ein Schloss oder eine andere, diesem vergleichbare Sicherungsvorrichtung gegen Zugriff geschützt ist. Im vorliegenden Fall ist kein Schloss angebracht, ebenso ist der geschlossene Reißverschluss keine vergleichbare Sicherungsvorrichtung. Der Reißverschluss kann problemlos geöffnet werden, ohne dass eine besondere Sicherungsvorrichtung hierzu überwunden werden muss.

Deshalb erfolgte der Transport nicht in einem verschlossenen Behältnis und der Ausnahmetatbestand des § 42a Abs. 2 Nr. 2 WaffG greift nicht.

J hat daher gegen § 42a Abs. 1 Nr. 1 WaffG verstoßen. Dies stellt eine Ordnungswidrigkeit gem. § 53 Abs. 1 Nr. 21a WaffG dar.

Schließlich ist waffenrechtlich zu überprüfen, ob es sich bei den aufgefundenen Plastikkügelchen um Munition iSd WaffG handelt. Sollte dies der Fall sein, würden diese auch waffenrechtlichen Regelungen unterliegen.

§ 1 Abs. 4 WaffG iVm Anl. 1 Abschn. 1 UA 3 definiert Munition iSd WaffG. Bei den aufgefundenen Plastikkügelchen handelt es sich um keine Munition iSd WaffG, sondern um Geschosse. Diese sind jedoch vom WaffG nicht erfasst und unterliegen keinerlei waffenrechtlichen Regelungen.

Fall 15 Ein Einhandmesser in der Hosentasche

Schwerpunkte: Waffenbegriff (§ 2 Abs. 2 Nr. 2 WaffG), systematische Durchbrechung des Anwendungsbereichs des WaffG (§ 42a Abs. 1 Nr. 3 WaffG).

Im Rahmen einer polizeilichen Überprüfung wird bei einem jungen Mann (B) ein handelsübliches Gebrauchsmesser mit einseitig geschliffener Klinge festgestellt. Dieses trägt B in seiner Hosentasche. Es weist einen sog. „Daumenpin" auf, der das einhändige Öffnen des Messers ermöglicht. Die Klinge arretiert am Ende des Öffnungsvorgangs selbsttätig. Auf Nachfrage gibt B an, das Messer trage er fast immer bei sich, da es ihm im Alltag schon öfters als nützlicher Gebrauchsgegenstand gute Dienste geleistet habe. B führt zwar keinerlei Ausweisdokumente mit sich, allerdings gibt er an, 17 Jahre alt zu sein, was durch eine Wohnsitzüberprüfung bestätigt werden kann.

Frage: Hat B gegen Vorschriften des WaffG verstoßen?

Lösungsskizze

Schwerpunkte: Rechtliche Einordnung eines Einhandmessers (§ 42a Abs. 1 Nr. 3 Alt. 1 WaffG), Alterserfordernis nach § 2 Abs. 1 WaffG, Verbot des Führens bestimmter tragb. Gegenstände (§ 42a Abs. 1 WaffG).

Vorüberlegung: In Betracht kommende Straftaten / Owi?

Owi gem. § 53 Abs. 1 Nr. 21a WaffG, falls gegen das Führensverbot des § 42a Abs. 1 WaffG verstoßen wird.

I. Anwendungsbereich WaffG, § 1 Abs. 1 WaffG

1. Liegt Waffe vor? (-)
- Waffe iSd § 1 Abs. 2 Nr. 1 WaffG? (-)
- Waffe im techn. Sinn gem. § 1 Abs. 2 Nr. 2a WaffG?[80] (-)
  => Einhandmesser ist ein Gebrauchsmesser und seinem Wesen nach nicht zum Einsatz gegen Menschen bestimmt
- Waffe im nichttechn. Sinn gem. § 1 Abs. 2 Nr. 2b WaffG? (-)

---

[80] Waffen im techn. Sinn nach § 1 Abs. 2 Nr. 2a WaffG sind stets und ausnahmslos v. WaffG erfasst, unabhängig davon, ob sie in der exemplarischen Aufzählung zu den Waffen im techn. Sinn in Anl. 1 Abschn. 1 UA 2 Nr. 1 WaffG genannt sind.

Fall 15 Ein Einhandmesser in der Hosentasche

=> Einhandmesser ist zwar nicht bestimmt, aber geeignet die Angriffs– oder Abwehrfähigkeit von Menschen herabzusetzen
- ABER: Waffen im nichttechn. Sinn nach § 1 Abs. 2 Nr. 2b WaffG sind nur dann als Waffe isd WaffG einzustufen, soweit sie in diesem genannt sind. Die Nennung des Einhandmessers in § 42a Abs. 1 Nr. 3 WaffG bewirkt allerdings noch nicht dessen Waffeneigenschaft, da § 1 Abs. 2 Nr. 2b WaffG im Kontext mit § 1 Abs. 4 WaffG zu verstehen ist. Demnach kommt es für die Waffeneigenschaft eines Gegenstandes nach § 1 Abs. 2 Nr. 2b WaffG darauf an, ob er in der insoweit abschließenden Aufzählung in Anl. 1 Abschn. 1 UA 2 Nr. 2 WaffG aufgeführt ist
 => Das Einhandmesser ist in dieser abschließenden Aufzählung nicht genannt
 => Einhandmesser keine Waffe isd § 1 Abs. 2 WaffG
- Folge: Regelungen des WaffG finden grds. keine Anwendung, Mindestalter des § 2 Abs. 1 WaffG nicht relevant (§ 2 Abs. 1 WaffG erfasst nur Waffen iSd § 1 Abs. 2 WaffG), § 42 Abs. 1 WaffG nicht einschlägig (verbietet nur das Führen von Waffen iSd § 1 Abs. 2 WaffG), ebenso Ausweispflicht nach § 38 Abs. 1 WaffG unbeachtlich
- ABER: Da das Einhandmesser in § 42a Abs. 1 Nr. 3 Alt. 1 WaffG genannt ist, muss diese systemwidrige Regelung angewendet werden
 => Das bei B aufgefundene Einhandmesser ist dort genannt (+)
  - Führen nach § 1 Abs. 3 iVm Anl. 1 Abschn. 2 Nr. 4 WaffG (+)
   => B hat das Einhandmesser in der Hosentasche, übt die tats. Gewalt außerhalb der eigenen Wohnung, Geschäftsräume, des eigenen befriedeten Besitztums oder einer Schießstätte aus
  - Ausnahmetatbestand § 42a Abs. 2 WaffG? (-)

Ergebnis: Verstoß gegen das Führensverbot des § 42a Abs. 1 Nr. 3 Alt. 1 WaffG, Owi gem. § 53 Abs. 1 Nr. 21a WaffG

IV. Endergebnis

B muss sich eine eine Owi gem. § 53 Abs. 1 Nr. 21a WaffG zur Last legen lassen.

Ausformulierte Lösung

Zunächst müsste der Anwendungsbereich des WaffG eröffnet sein, was der Fall ist, wenn Umgang mit einer Waffe oder Munition ausgeübt worden ist, vgl. § 1 Abs. 1 WaffG.

Zu prüfen ist, ob es sich bei dem Einhandmesser um eine Waffe iSd § 1 Abs. 2 WaffG handelt.

Zunächst könnte es sich bei dem Einhandmesser um eine Waffe im techn. Sinn gem. § 1 Abs. 2 Nr. 2a WaffG handeln.[81] Zunächst müsste das Einhandmesser tragbar sein. B hat es bei sich, weshalb dies der Fall ist. Weiterhin müsste das Messer seinem Wesen nach dazu bestimmt sein, die Angriffs- oder Abwehrfähigkeit von Menschen zu beseitigen oder herabzusetzen. Abzustellen ist hier auf den Herstellerzweck. Lt. SV handelt es sich um ein „handelsübliches" Einhandmesser. Typischerweise werden Einhandmesser als Werkzeuge des täglichen Gebrauchs hergestellt. Zudem sind keine objektiven Konstruktionsmerkmale (etwa beidseitig geschliffene Klinge, Parierstange etc.) auszumachen, die auf eine Hieb- und Stoßwaffeneigenschaft schließen lassen. Eine Waffeneigenschaft nach § 1 Abs. 2 Nr. 2a WaffG scheidet daher aus.

Merke:

Als Faustformel für die Praxis kann gelten, dass ein **beidseitiger Klingenschliff** für die Waffeneigenschaft eines Messers spricht. Das Gleiche gilt für hinzutretende konstruktive Vorrichtungen, welche das Abrutschen der das Messer führenden Hand vom Griff in die Klinge im Falle des Zustoßens bzw. Verletzungen im Falle sich kreuzender Klingen verhindern sollen („Parierstange" oÄ).

Zu prüfen ist weiter, ob das Einhandmesser unter § 1 Abs. 2 Nr. 2b WaffG fällt (Waffe im nichttechn. Sinn). Unter diese Norm fallen tragb. Gegenstände, die ohne dazu bestimmt zu sein, insb. wegen ihrer Beschaffenheit, Handhabung oder Wirkungsweise dazu geeignet sind, die Angriffs- oder Abwehrfähigkeit von Menschen zu beseitigen oder herabzusetzen. Das Einhandmesser als Gebrauchsmesser ist sehr wohl geeignet, die Angriffs- oder Abwehrfähigkeit von Menschen herabzusetzen, weshalb es als tragb. Gegenstand unter § 1 Abs. 2 Nr. 2b WaffG fällt. Zu berücksichtigen ist jedoch, dass diese sog. „Waffen im nichttechn. Sinn" nach dem Gesetzeswortlaut nur dann als Waffe iSd WaffG einzustufen sind, soweit sie in diesem ausdrücklich genannt sind.

Das Einhandmesser ist in § 42a Abs. 1 Nr. 3 Alt. 1 WaffG genannt, weshalb die Vermutung nahe liegt, dass eine Waffeneigenschaft zu bejahen ist. Allerdings muss die in § 1 Abs. 2 Nr. 2b WaffG verwendete Formulierung „…und im WaffG genannt…" im Kontext mit § 1 Abs. 4 WaffG betrachtet werden. Absatz 4 verweist auf die Anl. 1 zum WaffG, weshalb es für die Einstufung von Gegenständen iSd § 1 Abs. 2 Nr. 2b WaffG als Waffe darauf ankommt, ob eine Nennung in der abschließenden Aufzählung in der Anl. 1 Abschn. 1 UA 2

---

81 Waffen im techn. Sinn nach § 1 Abs. 2 Nr. 2a WaffG sind stets und ausnahmslos v. WaffG erfasst, unabhängig davon, ob sie in der exemplarischen Aufzählung zu den Waffen im techn. Sinn in Anl. 1 Abschn. 1 UA 2 Nr. 1 WaffG genannt sind.

Nr. 2 WaffG erfolgt. Einhandmesser sind dort nicht aufgeführt, so dass die Waffeneigenschaft abzulehnen ist.

Somit ist der Anwendungsbereich des WaffG grds. nicht eröffnet. Die Vorschriften des WaffG finden auf diese Gegenstände grds. keine Anwendung.[82]

Diesem Umstand Rechnung tragend greift das Alterserfordernis des § 2 Abs. 1 WaffG nicht und B darf Umgang mit dem Einhandmesser üben, obwohl er das 18. Lebensjahr lt. SV noch nicht vollendet hat. Ebenso sind die Ausweispflichten nach § 38 WaffG vorliegend nicht einschlägig.

Allerdings kann nicht unberücksichtigt bleiben, dass § 42a Abs. 1 Nr. 3 Alt. 1 WaffG systemwidrig das Führen von Einhandmessern ohne Waffeneigenschaft untersagt.

> **Merke:**
>
> § 42a Abs. 1 Nr. 3 WaffG verbietet das Führen solcher Gegenstände, die nicht dem Waffenbegriff des WaffG unterfallen und enthält daher eine systemwidrige Regelung.

Einhandmesser zeichnen sich dadurch aus, dass sie konstruktive Merkmale aufweisen, welche das einhändige Öffnen der Klinge ermöglichen und deren Klinge im Zuge des Öffnens arretiert. Das bei B aufgefundene Messer weist einen sog. „Daumenpin" auf, der das einhändige Öffnen der Klinge ermöglicht. Weiterhin stellt die Klinge sich lt. SV nach dem Öffnen selbsttätig fest, weshalb das vorgefundene Messer ein Einhandmesser iSd § 42a Abs. 1 Nr. 3 Alt. 1 WaffG darstellt.

> **Merke:**
>
> Einhandmesser sind Messer, die eine **Konstruktion** aufweisen, **welche das einhändige Öffnen ermöglicht und** deren Klinge im Zuge des Öffnens arretiert.

Lt. SV trägt B das Einhandmesser in der Hosentasche und weiß daher, dass er die tats. Gewalt über dieses ausübt. Da er sich im öff. Raum befindet, erfolgt dies auch außerhalb der eigenen Wohnung, Geschäftsräume, des eigenen befriedeten Besitztums sowie einer Schießstätte, so dass ein Führen nach § 1 Abs. 3 iVm Anl. 1 Abschn. 2 Nr. 4 WaffG zu bejahen ist.

---

[82] Die aus der fehlenden Waffeneigenschaft resultierende prinzipielle Nichtanwendbarkeit des WaffG sollte benannt werden. Dadurch macht der Bearbeiter deutlich, dass er die durch die systemwidrige Aufnahme dieser Gegenstände in das WaffG entstandenen rechtlichen Problematiken erkannt hat.

Ein Ausnahme v. Führensverbot nach § 42a Abs. 2 Nr. 1 und 2 WaffG ist nicht ersichtlich. Ebenso liegt kein berechtigtes Interesse vor, da das Führen des Einhandmessers weder im Zusammenhang mit der Berufsausübung erfolgt, noch der Brauchtumspflege, dem Sport oder einem allgemein anerkannten Zweck dient. Daher liegt auch keine Verbotsausnahme nach § 42a Abs. 2 Nr. 3 WaffG vor.

Durch den Verstoß gegen das Führensverbot des § 42a Abs. 1 Nr. 3 Alt. 1 WaffG hat B eine Owi gem. § 53 Abs. 1 Nr. 21a WaffG begangen.

B muss sich eine Owi gem. § 53 Abs. 1 Nr. 21a WaffG zur Last legen lassen.

Lernkontrolle[83]

Frage 1
Waffen im **techn. Sinne** sind **tragb. Gegenstände**, die ihrem Wesen nach dazu
a) bestimmt
b) geeignet
c) geeignet und bestimmt
sind, die Angriffs- oder Abwehrfähigkeit von Menschen zu beseitigen oder herabzusetzen

Frage 2
Waffen im **techn. Sinne** sind
a) teilweise
b) gar nicht
c) immer
als Waffen iSd WaffG einzustufen

Frage 3
Waffen **im nichttechn. Sinne** sind Gegenstände, die ihrem Wesen nach
a) dazu bestimmt und geeignet
b) nicht dazu bestimmt, aber insb. wegen ihrer Beschaffenheit, Handhabung oder Wirkungsweise geeignet
c) dazu bestimmt
sind, die Angriffs- oder Abwehrfähigkeit von Menschen zu beseitigen oder herabzusetzen

Frage 4
Waffen im **nichttechn. Sinne** sind
a) immer
b) nie
c) teilweise
v. WaffG erfasst

Frage 5
Die Aufzählung in **Anl. 1 Abschn. 1 UA 2 Nr. 1 WaffG** erfasst
a) nur Waffen im techn. Sinne
b) nur Waffen im nichttechn. Sinne
c) sowohl Waffen im techn., wie auch im nichttechn. Sinne

---

[83] Beachte: Bei der Lösung der Fragen sind mögliche Feststellungsbescheide des BKA nicht zu berücksichtigen.

Fälle und Musterlösungen zum Waffenrecht

Frage 6
Die Aufzählung in **Anl. 1 Abschn. 1 UA 2 Nr. 2 WaffG** erfasst
    a) nur Waffen im techn. Sinne
    b) nur Waffen im nichttechn. Sinne
    c) sowohl Waffen im techn., wie auch im nichttechn. Sinne

Frage 7
Die Aufzählung der **Waffen im nichttechn. Sinne** (§ 1 Abs. 2 Nr. 2b WaffG) in Anl. 1 Abschn. 1 UA 2 Nr. 2 WaffG ist
    a) abschließend
    b) exemplarisch
    c) das hat der Gesetzgeber offen gelassen

Frage 8
Die Aufzählung der **Waffen im techn. Sinne** (§ 1 Abs. 2 Nr. 2a WaffG) in Anl. 1 Abschn. 1 UA 2 Nr. 1 WaffG ist
    a) abschließend
    b) exemplarisch
    c) das hat der Gesetzgeber offen gelassen

Frage 9
Die **verbotenen Waffen** sind abschließend in § 2 Abs. 3 iVm Anl. 2 Abschn. 1 WaffG aufgeführt
    a) Das trifft zu
    b) Das trifft nicht zu
    c) Das trifft teilweise zu

Frage 10
Wann unterliegt ein **RSG** dem WaffG?
    a) immer
    b) nur wenn es unter § 1 Abs. 2 Nr. 2a WaffG fällt
    c) nie

Frage 11
Die **Klingenlänge** eines Messers spielt für dessen Waffeneigenschaft
    a) stets eine Rolle
    b) manchmal eine Rolle
    c) niemals eine Rolle

Frage 12
Für die praktische Klärung der **Waffeneigenschaft** eines Messers ist von Bedeutung
    a) die Klingenlänge
    b) ein beidseitiger Klingenschliff
    c) die Herstellerangaben

Lernkontrolle

Frage 13
Die Klingenlänge eines Messers spielt für die Verbotseigenschaft
a) stets eine Rolle
b) manchmal eine Rolle
c) niemals eine Rolle

Frage 14
Ein **Springmesser, bei dem die Klinge seitlich aus dem Griff herausspringt**, ist
a) immer verboten
b) nie verboten
c) mit Ausnahmen verboten

Frage 15
Ein **Springmesser, bei dem die Klinge vorne aus dem Griff herausspringt**, ist
a) immer verboten
b) nie verboten
c) mit Ausnahmen verboten

Frage 16
Ein **Springmesser, bei dem die Klinge seitlich aus dem Griff herausspringt,** ist
a) immer verboten
b) dann nicht verboten, wenn der aus dem Griff herausragende Teil der Klinge höchstens 8,5 cm lang ist
c) dann nicht verboten, wenn der aus dem Griff herausragende Teil der Klinge höchstens 8,5 cm lang ist und nicht zweiseitig geschliffen ist

Frage 17
Ein **Fallmesser** ist
a) immer verboten
b) nie verboten
c) mit Ausnahmen verboten

Frage 18
Ein **Faustmesser** ist
a) immer verboten
b) nie verboten
c) mit Ausnahmen verboten

Frage 19
Ein dem WaffG unterliegendes **RSG** ist
a) immer verboten
b) nie verboten
c) mit Ausnahmen verboten

Frage 20
    Ein dem WaffG unterliegendes **Elektroimpulsgerät** ist
    a)   immer verboten
    b)   nie verboten
    c)   mit Ausnahmen verboten

Frage 21
    Ein mit „**PTB/R im Trapez**" oder „**BKA in der Raute**" gekennzeichnetes RSG
    a)   ist nicht verboten, darf aber nur mit einer Erlaubnis geführt werden
    b)   ist nicht verboten und zudem dürfen auch Jugendliche Umgang damit haben
    c)   unterliegt keinerlei waffenrechtlichen Reglementierungen

Frage 22
    Das **Führen** einer **Armbrust** ist
    a)   verboten
    b)   erlaubnispflichtig
    c)   erlaubnisfrei

Frage 23
    Der **Umgang** mit **erlaubnisfreien Waffen** ist grds.
    a)   Jedermann erlaubt
    b)   nur Personen gestattet, die das 16. Lebensjahr vollendet haben
    c)   nur Personen gestattet, die das 18. Lebensjahr vollendet haben

Frage 24
    Der **Erwerb/Besitz** eines **Einhandmessers (Gebrauchsmesser)** ist
    a)   grds. erst ab dem 14. Lebensjahr zulässig
    b)   ohne Altersbeschränkung zulässig
    c)   zulässig, wenn die Person das 18. Lebensjahr vollendet hat

Frage 25
    Ein zur **Tierabwehr bestimmtes** RSG
    a)   darf nur von Personen, die das 14. Lebensjahr vollendet haben, besessen und geführt werden
    b)   unterliegt keinerlei waffenrechtlichen Reglementierungen
    c)   ist verboten, wenn sich auf diesem kein amtliches Prüfzeichen befindet

Frage 26
    Der **Umgang** mit einem **Elektroimpulsgerät iSd § 1 Abs. 2 Nr. 2a WaffG** ohne amtliches Prüfzeichen
    a)   ist eine Straftat
    b)   eine Owi
    c)   v. Gesetzgeber nicht sanktioniert

Frage 27
Der **Umgang** mit einer **vollautomatischen Kaltgaswaffe**, deren Geschossen eine Bewegungsenergie von **mehr** als 0,5 J erteilt wird, ist nach dem WaffG
    a) eine Straftat
    b) eine Owi
    c) v. Gesetzgeber nicht sanktioniert

Frage 28
Ein **beidseitig geschliffenes Messer** iSd § 1 Abs. 2 Nr. 2a WaffG
    a) ist ein verbotener Gegenstand nach dem WaffG
    b) kann ab 18 Jahren erlaubnisfrei erworben und besessen werden
    c) unterliegt den Regelungen des § 42a Abs. 1 Nr. 2 WaffG

Frage 29
Der **Umgang** mit einem als **Taschenlampe getarnten Elektroimpulsgerät iSd § 1 Abs. 2 Nr. 2a WaffG ohne** amtliches Prüfzeichen ist
    a) eine Straftat
    b) eine Owi
    c) keines von beidem

Frage 30
Der **Umgang** mit einem **Faustmesser** ist
    a) Inhabern einer jagdrechtlichen Erlaubnis und Angehörigen von Leder oder Pelz verarbeitenden Berufen gestattet, sofern sie das Messer zur Ausübung ihrer Tätigkeit benötigen
    b) Inhabern einer jagdrechtlichen Erlaubnis verboten
    c) Nur Inhaber eines gültigen Jahresjagdscheines gestattet, sofern sie das Messer zur Ausübung ihrer Tätigkeit benötigen

Frage 31
Bei einem **Molotow-Cocktail** ist
    a) der Umgang grds. verboten
    b) verboten zur Herstellung dieser Gegenstände anzuleiten oder aufzufordern
    c) Personen, die Inhaber eines Sprengstoffscheines sind, der Umgang gestattet, wenn der Erlaubnisschein dies gestattet

Frage 32
Bei einer **öff. Veranst.** ist
    a) nur das Führen von Schussw. verboten
    b) das Führen sämtlicher Waffen iSd § 1 Abs. 2 WaffG grds. verboten
    c) das Führen von Hieb- und Stoßwaffen durch Mitwirkende an Theateraufführungen gestattet

Frage 33
    Das **Führen** einer **Waffe iSd § 1 Abs. 2 WaffG** ist
        a)   bei einer öff. Veranst. grds. eine Straftat nach dem WaffG
        b)   auf dem Weg zu einer öff. Veranst. bereits eine Straftat nach dem WaffG
        c)   bei einer öff. Veranst. bereits durch das Versammlungsrecht verboten

Frage 34
    Das **Führen** eines **Tonfa** durch Mitarbeiter privater Sicherheitsdienste bei einer öff. Veranst.
        a)   ist idR eine Straftat
        b)   erlaubt, da diese keine Teilnehmer iSd § 42 Abs. 1 WaffG sind
        c)   kann durch die zuständige Behörde im Einzelfall zugelassen werden

Frage 35
    Das **Führen** eines Einhandmessers (Gebrauchsmesser) bei einer öff. Veranst. ist
        a)   grds. eine Straftat
        b)   grds. eine Owi
        c)   nicht sanktioniert

Frage 36
    Das **Führen** eines zur **Tierabwehr bestimmten RSG** bei einer öff. Veranst. ist
        a)   verboten und eine Straftat nach dem WaffG
        b)   v. WaffG nicht erfasst
        c)   nur Personen gestattet, die das 14. Lebensjahr vollendet haben

Frage 37
    Das **Überlassen** einer Hieb- und Stoßwaffe auf einem Flohmarkt ist
        a)   verboten und stellt eine Straftat dar
        b)   erlaubt, da der Umgang mit einer Hieb- und Stoßwaffe erlaubnisfrei ist
        c)   erlaubt, wenn der Erwerbende das 18. Lebensjahr vollendet hat

Frage 38
    § 42a Abs. 1 Nr. 2 WaffG bezieht sich auf
        a)   Gegenstände des Alltags
        b)   Waffen iSd WaffG
        c)   Gegenstände des Alltags und Waffen iSd WaffG

Frage 39
    § 42a Abs. 1 Nr. 3 WaffG bezieht sich auf
        a)   Gegenstände des Alltags
        b)   Waffen iSd WaffG
        c)   Gegenstände des Alltags und Waffen iSd WaffG

Lernkontrolle

Frage 40
Eine Waffe ist **zugriffsbereit**
a) wenn sie in einem nicht verschlossenen Behältnis transportiert wird
b) wenn sie unmittelbar in Anschlag gebracht werden kann
c) wenn kein Blockiersystem eingebaut ist

Frage 41
Eine Waffe kann **unmittelbar** in Anschlag gebracht werden
a) wenn sie nicht in einem verschlossenen Behältnis transportiert wird
b) wenn sie mit weniger als 4 Handgriffen in weniger als 5 Sekunden in Anschlag gebracht werden kann
c) wenn sie mit weniger als 3 Handgriffen in weniger als 3 Sekunden in Anschlag gebracht werden kann

Frage 42
Wenn eine Waffe in einem *ver*schlossenen **Behältnis** transportiert wird
a) stellt dies ein Führen dar
b) stellt dies kein Führen dar
c) stellt dies unter Umständen kein Führen dar

Frage 43
Im Rahmen eines **erlaubnisfreien Führens** nach § 12 Abs. 3 Nr. 2 **WaffG** muss die ungeladene Schussw. stets getrennt von der Munition transportiert werden
a) dies trifft stets zu
b) dies trifft nicht zu
c) dies trifft teilweise zu

Frage 44
Erlaubnisfreie Waffen
a) unterliegen allein dem grds. Alterserfordernis des § 2 Abs. 1 WaffG
b) unterliegen keinerlei waffenrechtlichen Reglementierungen
c) unterliegen dem grds. Alterserfordernis des § 2 I WaffG, dem Führensverbot bei öff. Veranst. nach § 42 Abs. 1 WaffG, zudem müssen stets § 42a Abs. 1 Nr. 2 WaffG sowie § 38 WaffG berücksichtigt werden

Frage 45
Ein **Jäger** darf seine **Jagdwaffe außerhalb** des Jagdreviers **erlaubnisfrei** führen
a) wenn diese in eine WBK eingetragen ist
b) wenn die Waffe nicht schuss- und nicht zugriffsbereit ist
c) wenn er Inhaber eines gültigen Jagdscheines iSd § 15 Abs. 1 S. 1 BJagdG ist und die Waffe nicht schussbereit ist und das Führen im Zusammenhang mit der befugten Jagdausübung erfolgt

Frage 46
Ein **Sportschütze** darf seine Schusswaffe **erlaubnisfrei** führen
a) wenn sie nicht schussbereit ist
b) wenn sie nicht schuss- und nicht zugriffsbereit ist
c) wenn er sie nicht schuss- und nicht zugriffsbereit von einem Ort zu einem anderen Ort befördert und der Transport zudem zu einem von seinem Bedürfnis umfassten Zweck erfolgt oder im Zusammenhang damit erfolgt

Frage 47
Eine **Kaltgaswaffe**, welche mit einem „**F im Fünfeck**" gekennzeichnet ist, darf prinzipiell
a) erlaubnisfrei geführt werden
b) unterliegt keiner Erlaubnispflicht
c) ab 18 Jahren erlaubnisfrei erworben und besessen werden

Frage 48
Der sog. „**Kleine Waffenschein**" (KWS) berechtigt zum Führen
a) besonders leichter Schussw.
b) von Schreckschuss-, Reizstoff- und Signalwaffen
c) von Schreckschuss-, Reizstoff- und Signalwaffen, die mit einem „PTB im Kreis" gekennzeichnet sind

Frage 49
Ein **WS** berechtigt
a) zu jeglichem Umgang mit einer Schussw.
b) zum Führen der im WS eingetragenen Waffen durch den Waffenscheininhaber
c) zum Führen und zum Überlassen an Dritte der im WS eingetragenen Waffen

Frage 50
Wer **Munition im öff. Raum** bei sich trägt
a) führt diese
b) besitzt und führt diese
c) besitzt diese

Frage 51
Eine **WBK** berechtigt
a) zum Führen einer Schussw.
b) zum Erwerb und Besitz der von der Waffenbehörde eingetragenen Schussw.
c) zum Erwerb und Besitz von Munition, sofern dies gestattet wurde

Frage 52
    Ein **ausländischer** Jagdschein
        a) steht einem deutschen Jahresjagdschein gleich
        b) steht einem deutschen Tagesjagdschein gleich
        c) ist kein gültiger Jagdschein nach dem BJagdG

Frage 53
    Ein **Jäger** mit einem **gültigen deutschen *Jahres*jagdschein**
        a) bedarf zum Erwerb von Langwaffen weiterhin einer WBK
        b) darf auf Grund dieses Jahresjagdscheines Langwaffen iSd § 13 Abs. 1 Nr. 2 WaffG erwerben, einer WBK bedarf es hierzu nicht
        c) darf mit diesem Munition iSd § 13 Abs. 1 Nr. 2 WaffG für Langwaffen erwerben

Frage 54
    Eine **SRS-Waffe mit „PTB im Kreis"**
        a) bedarf für den Erwerb und Besitz einer WBK
        b) bedarf für das Führen grds. eines KWS
        c) unterliegt auch dem Führensverbot des § 42a Abs. 1 Nr. 1 WaffG

Frage 55
    Das **Überlassen** erlaubnispflichtiger Schussw. ist
        a) erlaubnispflichtig
        b) erlaubnisfrei
        c) durch die WBK abgedeckt

Frage 56
    Ein **WS** berechtigt zum Führen der darin eingetragenen Schussw.
        a) auch bei einer öff. Veranst.
        b) nicht bei einer öff. Veranst.
        c) bei einer öff. Veranst. nur, sofern zusätzlich eine Ausnahmegenehmigung erteilt wurde

Frage 57
    Der **KWS** wird
        a) unbefristet erteilt
        b) befristet auf höchstens drei Jahre erteilt, die Geltungsdauer kann zweimal um höchstens je drei Jahre verlängert werden
        c) für alle SRS-Waffen mit „PTB im Kreis" erteilt

Frage 58
    Ein **gültiger deutscher Jahresjagdschein** berechtigt zum Erwerb
        a) von Langwaffen iSd § 13 Abs. 1 Nr. 2 WaffG
        b) Kurzwaffen
        c) Munition für Kurzwaffen

Frage 59
Eine **Kaltgaswaffe,** welche mit einem „**F im Fünfeck**" gekennzeichnet ist, darf aus dem Ausland
    a) erlaubnisfrei nach Deutschland verbracht werden
    b) nur mit einer deutschen Verbringenserlaubnis nach Deutschland verbracht werden
    c) nur durch Inhaber einer WBK nach Deutschland verbracht werden

Frage 60
Die Erlaubnis zur **Mitnahme von Schussw. nach Deutschland**
    a) erlaubt auch das Verbringen von Schussw. nach Deutschland
    b) umfasst auch die Berechtigung zum Führen der mitgenommenen Schussw. in Deutschland
    c) gestattet nur die Mitnahme, der Besitz sowie das Führen unterliegen einer eigenständigen Bewertung

Frage 61
Für das **Verbringen** von **Schussw. aus Deutschland in Drittstaaten, deren Erwerb in Deutschland der Erlaubnispflicht unterliegt,** bedarf es
    a) keiner deutschen Erlaubnis nach dem WaffG
    b) einer deutschen Erlaubnis nach dem WaffG
    c) möglicherweise einer Genehmigung nach dem Außenwirtschaftsgesetz

Frage 62
Für das **Verbringen** von **Schussw. nach Anl. 1 Abschn. 3 Kat. A 1.2 bis C WaffG** WaffG aus einem EU-Staat nach Deutschland
    a) ist zwingende Voraussetzung für die Erteilung einer deutschen Verbringenserlaubnis die Vorlage eines EFP, in welchem die Schussw. eingetragen sind
    b) ist ein EFP, in dem die Schussw. eingetragen sind, niemals erforderlich
    c) ist ein EFP, allerdings müssen die Schussw. nicht in diesen eingetragen sein

Frage 63
Für die **Erteilung** einer erforderlichen **Verbringens- oder Mitnahmeerlaubnis** für Schussw. nach Anl. 1 Abschn. 3 Kat. A 1.2 bis C WaffG **nach Deutschland** sind
    a) in Ausnahmefällen die Bundespolizei- oder Zolldienststellen zuständig
    b) grds. die Auslandsvertretungen zuständig
    c) die nationalen Waffenbehörden zuständig, in dessen Bezirk das Verbringen oder die Mitnahme der Schussw. erfolgen soll

Frage 64
Schussw. nach Anl. 1 Abschn. 3 Kat. A 1.2 bis C WaffG, die nach Deutschland mitgenommen werden, sind
    a) bei den Überwachungsbehörden anzumelden, wenn die Mitnahme aus einem EU-Staat oder Drittstaat erfolgt
    b) bei den Überwachungsbehörden anzumelden, wenn die Mitnahme aus einem Drittstaat erfolgt
    c) nur nach Aufforderung durch die Überwachungsbehörden anzumelden

Frage 65
Hieb- und Stoßwaffen, die aus dem **Ausland nach Deutschland verbracht** werden, müssen
    a) bei den Überwachungsbehörden angemeldet werden, sofern das Verbringen aus einem Drittstaat erfolgt
    b) bei den Überwachungsbehörden nicht angemeldet werden
    c) bei den Überwachungsbehörden angemeldet werden, sofern das Verbringen aus einem EU-Staat erfolgt

Frage 66
Jäger, die in einem Mitgliedstaat der EU leben, können nach Deutschland
    a) bis zu drei Langwaffen nach Anl. 1 Abschn. 3 Kat. C WaffG iSd § 13 Abs. 1 Nr. 2 WaffG erlaubnisfrei zum Zwecke der Jagd mitnehmen, wenn diese in einem gültigen EFP eingetragen sind, der von dem EU-Staat ausgestellt wurde, in welchem sie ihren gewöhnlichen Aufenthalt haben, sofern sie den Grund der Mitnahme nachweisen können
    b) auch Kurzwaffen erlaubnisfrei mitnehmen, wenn diese auch im EFP eingetragen sind und sie diese für die Zwecke der Jagd benötigen, sofern sie den Grund der Mitnahme nachweisen können
    c) niemals erlaubnisfrei Schussw. nach Deutschland mitnehmen

Frage 67
Für das **Verbringen** von Schussw. nach Anl. 1 Abschn. 3 Kat. A 1.2 bis C WaffG **aus Deutschland in Mitgliedstaaten der EU**
    a) bedarf es keiner deutschen Verbringenserlaubnis nach dem WaffG
    b) bedarf es einer deutschen Verbringenserlaubnis nach dem WaffG
    c) ist eine deutsche WBK, in welcher die Schussw. eingetragen ist, ausreichend

Lösungen[84]

Frage 1:
Antwort: a)
§ 1 Abs. 2 Nr. 2a WaffG
Frage 2:
Antwort: c)
§ 1 Abs. 2 Nr. 2a WaffG
Frage 3:
Antwort: b)
§ 1 Abs. 2 Nr. 2b WaffG
Frage 4:
Antwort: c)
§ 1 Abs. 2 Nr. 2b iVm Anl. 1 Abschn. 1 UA 2 Nr. 2 ff. WaffG
Frage 5:
Antwort: a)
1 Abs. 2 Nr. 2a iVm Anl. 1 Abschn. 1 UA 2 Nr. 1 WaffG
Frage 6:
Antwort: b)
§ 1 Abs. 2 Nr. 2b iVm Anl. 1 Abschn. 1 UA 2 Nr. 2 WaffG
Frage 7:
Antwort: a)
Frage 8:
Antwort: b)
Frage 9:
Antwort: a)
Frage 10:
Antwort: b)
§ 1 Abs. 2 Nr. 2a iVm Anl. 1 Abschn. 1 UA 2 Nr. 1.2.2, 1.2.3 WaffG
Frage 11:
Antwort: c)
Frage 12:
Antwort: b), c)

Frage 13:
Antwort: b)
§ 2 Abs. 3 iVm Anl. 2 Abschn. 1 Nr. 1.4.1 WaffG
Frage 14:
Antwort: c)
§ 2 Abs. 3 iVm Anl. 2 Abschn. 1 Nr. 1.4.1 WaffG
Frage 15:
Antwort: a)
§ 2 Abs. 3 iVm Anl. 2 Abschn. 1 Nr. 1.4.1 WaffG
Frage 16:
Antwort: c)
§ 2 Abs. 3 iVm Anl. 2 Abschn. 1 Nr. 1.4.1 WaffG
Frage 17:
Antwort: a)
§ 2 Abs. 3 iVm Anl. 2 Abschn. 1 Nr. 1.4.1 WaffG
Frage 18:
Antwort: c)
§ 40 Abs. 3 S. 1 WaffG
Frage 19:
Antwort: c)
§ 2 Abs. 3 iVm Anl. 2 Abschn. 1 Nr. 1.3.5 WaffG
Kennzeichnung:

 oder

---

[84] Aus Gründen der besseren Nachvollziehbarkeit der Lösungen werden zu diesen – soweit diese sich nicht bereits aus der Fragestellung ergeben – die Rechtsgrundlagen angeführt.

Lösungen

Frage 20:
Antwort: c)
§ 2 Abs. 3 iVm Anl. 2 Abschn. 1 Nr. 1.3.6 WaffG
Kennzeichnung:

```
 /  PTB  \
/  E....  \
```

Frage 21:
Antwort: b)
§ 2 Abs. 3 iVm Anl. 2 Abschn. 1 Nr. 1.3.5 WaffG, § 3 Abs. 2 WaffG

Frage 22:
Antwort: c)
§ 2 Abs. 4 iVm Anl. 2 Abschn. 2 UA 2 Nr. 3.2 WaffG

Frage 23:
Antwort: c)
§ 2 Abs. 1 WaffG

Frage 24:
Antwort: b)

Frage 25:
Antwort: b)

Frage 26:
Antwort: a)
§ 52 Abs. 3 Nr. 1 WaffG

Frage 27:
Antwort: c)

Frage 28:
Antwort: b), c)
§ 2 Abs. 1 WaffG, § 42a Abs. 1 Nr. 2 WaffG

Frage 29:
Antwort: a)
§ 52 Abs. 3 Nr. 1 WaffG

Frage 30:
Antwort: a)
§ 40 Abs. 3 S. 1 WaffG

Frage 31:
Antwort: a), b), c)
§ 2 Abs. 3 iVm Anl. 2 Abschn. 1 Nr. 1.3.4 WaffG, § 40 Abs. 1 WaffG, § 40 Abs. 3 S. 2 WaffG

Frage 32:
Antwort: b), c)
§ 42 Abs. 1 WaffG, § 42 Abs. 4 Nr. 1 WaffG

Frage 33:
Antwort: a)
§ 52 Abs. 3 Nr. 9 WaffG

Frage 34:
Antwort: a) und c)
§ 52 Abs. 3 Nr. 9 WaffG, § 42 Abs. 2 WaffG

Frage 35:
Antwort: b)
§ 53 Abs. 1 Nr. 21a WaffG

Frage 36:
Antwort: b)

Frage 37:
Antwort: a)
§ 35 Abs. 3 Nr. 3 WaffG,
§ 52 Abs. 1 Nr. 3 WaffG

Frage 38:
Antwort: b)

Frage 39:
Antwort: a)

Frage 40:
Antwort: b)
Anl. 1 Abschn. 2 Nr. 13 WaffG

Frage 41:
Antwort: c)
Anl. 1 Abschn. 2 Nr. 13 WaffG

Frage 42:
Antwort: a)

Frage 43:
Antwort: b)

Frage 44:
Antwort: c)

Frage 45:
Antwort: c)
§ 13 Abs. 6 S. 1 WaffG

Frage 46:
Antwort: c)
§ 12 Abs. 3 Nr. 2 WaffG

Frage 47:
Antwort: c)
§ 2 Abs. 4 iVm Anl. 2 Abschn. 2 UA 2 Nr. 1.1 WaffG, § 2 Abs. 1 WaffG

Frage 48:
Antwort: c)
§ 10 Abs. 4 S. 4 iVm Anl. 2 Abschn. 2 UA 3 Nr. 2.1 WaffG

Frage 49:
Antwort: b)
§ 10 Abs. 4 S. 2 WaffG

Frage 50:
Antwort: c)
Anl. 1 Abschn. 2 Nr. 2 WaffG

Frage 51:
Antwort: b), c)
§ 10 Abs. 1 S. 1 WaffG,
§ 10 Abs. 3 S. 1 WaffG

Frage 52:
Antwort: c)
§ 15 Abs. 2 BjagdG

Frage 53:
Antwort: b), c)
§ 13 Abs. 3 S. 1 WaffG, § 13 Abs. 5 WaffG

Frage 54:
Antwort: b)
§ 10 Abs. 4 S. 4 iVm Anl. 2 Abschn. 2 UA 3 Nr. 2.1 WaffG

Frage 55:
Antwort: b)
Anl. 2 Abschn. 2 UA 1 S. 1 WaffG

Frage 56:
Antwort: c)
§ 42 Abs. 2 WaffG

Frage 57:
Antwort: a), c)
§ 10 Abs. 4 S. 4 iVm Anl. 2 Abschn. 2 UA 3 Nr. 2.1 WaffG

Frage 58:
Antwort: a)
§ 13 Abs. 3 S. 1 WaffG

Frage 59:
Antwort: a)
§ 2 Abs. 4 iVm Anl. 2 Abschn. 2 UA 2 Nr. 7.1 WaffG

Frage 60:
Antwort: c)

Frage 61:
Antwort: a), c)
§ 2 Abs. 4 iVm Anl. 2 Abschn. 2 UA 2 Nr. 8 WaffG,
§ 4 Abs. 1 AWG iVm § 8 Abs. 1 Nr. 1 AWV

Frage 62:
Antwort: b), c)
§ 32 Abs. 2 WaffG

Frage 63:
Antwort: c)
§ 49 Abs. 1 Nr. 1 WaffG

Frage 64:
Antwort: b)
§ 33 Abs. 1 Nr. 1 WaffG

Frage 65:
Antwort: b)
§ 33 Abs. 1 Nr. 1 WaffG

Frage 66:
Antwort: a)
§ 32 Abs. 3 Nr. 1 WaffG

Frage 67:
Antwort: b)
§ 2 Abs. 2 iVm Anl. 2 Abschn. 2 UA 1 S. 1 WaffG,
§ 29 Abs. 1 iVm § 29 Abs. 2 WaffG

Stichwortverzeichnis

Die Zahlen verweisen auf die Seiten des Werkes.

Alterserfordernis 3, 5, 8

Anmeldepflicht 87

Anscheinswaffe 95, 98

Armbrust 109

ausländischer Jagdschein 114

Ausnahme vom Führensverbot 95

Ausnahmen von der Erlaubnispflicht 59

Ausweispflichten 27

Baseballschläger 17, 18, 19, 20

Bedürfnisprüfung 52

befugten Jagdausübung 41, 43, 44, 82

beidseitig geschliffenes Messer 110

berechtigtes Interesse 8

Besitz 9, 26, 33, 41, 47, 50, 76

Büchse 40, 42, 75

deutscher Tagesjagdschein 64

Drittstaat 87, 90

Einhandmesser 93, 101, 103, 104, 109

Elektroimpulsgerät 21, 22, 109

erlaubnisfreie Mitnahme 86

erlaubnisfreier Erwerb und Besitz 56, 71

erlaubnisfreie Mitnahme 90

erlaubnisfreier Transport 112

erlaubnisfreies Führen 43, 57, 71, 77, 81, 82, 87

Stichwortverzeichnis

Erlaubnispflicht 29

erlaubnispflichtige Waffen 24

erlaubnispflichtigen Schussw. 27

Erwerb 9, 26, 30, 33, 41, 50, 76

Europäischer Feuerwaffenpass (EFP) 64, 70, 73, 76, 86, 90

EU-Staaten 86

F im Fünfeck 33, 56

Fallmesser 108

Faustmesser 108, 110

Führen 7, 9, 13, 14, 17, 19, 21, 26, 27, 33, 34, 41, 65

Führen einer Anscheinswaffe 98

Führensverbot 6, 8, 10, 16, 105

Führensverbot von Anscheinswaffen 94

Führensverbote 93

gegenstandsbezogene Ausnahme 34, 36, 56, 57, 59

getarnte Hieb- und Stoßwaffe 6, 7

getarnte Gegenstände 15

Grenzübertritt 68

Herrschaftsmöglichkeit 28

Hieb- und Stoßwaffe 8, 10, 12, 14, 15, 116

Jagdschein 43

Jagdwaffe 112

Jäger 43, 46, 51, 71, 74, 86, 90, 112, 114, 116

Jägerbegriff in § 32 Abs. 3 WaffG 70

Jahresjagdschein 41, 48, 51, 52

Kaltgaswaffe 32, 113

KK-Gewehr 25, 26

Klingenlänge 107

Kurzwaffe 48, 49, 52, 72, 74

KWS 114

Langwaffen 40, 46, 47, 49, 51, 64, 67

Mitgliedstaat 80, 83

Mitgliedstaat der Europäischen Union 90

Mitnahme 65, 67, 68, 69, 70, 71, 73, 75, 80, 86, 89

Mitnahme von Schussw. nach Deutschland 115

Mitnahmeerlaubnis 66

Molotow-Cocktail 110

Munition 40

nicht schussbereit 27, 30, 37, 41, 43, 57, 60, 72

nicht zugriffsbereit 27, 30, 34, 37, 57, 60, 72

öff. Veranst. 13, 14, 16, 110

Paintballwaffen 55, 56, 58

personen- bzw. situationsbedingte Ausnahme 26, 34, 48,, 60, 66, 71, 76, 87

Pistole 52

Revolver 75

RSG 2, 3, 4, 107, 108

Schießen 57, 61

Schießstätte 34

situationsbezogene Ausnahme 30, 41

Soft-Air-Waffe 97

Sportschütze 113

Springmesser 108

Stahlrute 6, 7, 9

Stiefelmesser 12, 13, 14

tats. Gewalt 21, 28, 33, 35, 41, 42, 48, 56, 59, 65, 67, 75, 78, 85

Teilnehmer 13

Teleskopschlagstock 6, 7, 10, 11

Totschläger 6, 7, 9

Stichwortverzeichnis

Transitbereich 86, 91

Transport 27, 31, 60, 66, 72, 77

Transport über die Grenze 69

Transport zu einem vom Bedürfnis umfassten Zweck oder im Zusammenhang damit 38, 57

Überlassen 46, 47, 48, 50, 52, 53, 111, 114

Umgang 27

unerlaubte Mitnahme 77, 81

unerlaubtes Verbringen 81

verbotene Waffe 23

Verbringen 68, 69

Verbringen von Schussw. aus Deutschland in Drittstaaten 115

Verbringens- oder Mitnahmeerlaubnis 115

verschlossenes Behältnis 31, 37, 112

Waffe im nichttechn. Sinne 18, 20

Waffe im techn. Sinn 6

WBK 25, 29, 32, 33, 36, 38, 41, 43, 49, 56, 66, 113

WS 27, 29, 32, 43, 113, 114

Zweckbestimmung 19